Histoires du temps passé, ou les contes de ma Mere L'Oye avec des moralités; par M. Perrault. Nouvelle edition, augmentée de deux nouvelles, savior

Pl. I.   Fronhspice

HISTOIRES
DU TEMPS PASSÉ,
OU LES CONTES
DE MA MERE L'OYE

Avec des Moralités,

P A R M P E R R A U L T.

Nouvelle Edition, augmentée de deux Nouvelles, savoir *de l'Adroite Princesse*,
& de la *Veuve & ses deux Filles.*

Ornée de Figures en taille douce,

A L O N D R E S ;

Et se trouve à BRUXELLES ;

Chez B LE FRANCQ, Imprimeur-Libraire,

M. DCC. LXXXVI,

LE PETIT
CHAPERON ROUGE.
CONTE.

IL étoit une fois une petite fille de
village, la plus jolie qu'on eut fçu
voir : fa mere en étoit folle, & fa
grand-mere plus folle encore. Cette
bonne femme lui fit faire un petit
Chaperon Rouge, qui lui feyoit fi
bien, que par tout on l'appelloit le
petit Chaperon Rouge.

Un jour fa mere ayant fait des ga-
lettes, lui dit, va voir comment fe
porte ta grand-mere, car on m'a
dit qu'elle étoit malade, porte lui
une galette & ce petit pot de beurre.
Le petit Chaperon rouge partit auffi-tôt pour aller chez ta mere-grande, qui demeuroit dans un autre vil-

lage. En paffant dans un bois, elle rencontra Compere le Loup, qui eut bien envie de la manger; mais il n'ofa, à caufe de quelques buche-rons qui étoient dans la forêt Il lui demanda où elle alloit la pauvre enfant, qui ne favoit pas qu'il étoit dangereux de s'arrêter à écouter un loup, lui dit : je vais voir ma mere grande, & lui porter une galette avec un petit pot de beurre que ma mere lui envoie Demeure-t-elle bien loin, lui dit le Loup ? Oh oui, dit le petit Chaperon rouge ; c'eft par delà le moulin que vous voyez tout là-bas, là-bas, à la premiere maifon du vil-lage. Eh bien, dit le Loup, je veux l'aller voir auffi je m'y en vais par ce chemin-ci, & toi par ce chemin-là, & nous verrons à qui plutôt y fera. Le Loup fe mit à courir de toute fa force par le chemin qui étoit le plus court, & la petite fille s'en alla par le che-min le plus long, s'amufant à cueillir des noifettes, à courir après des papil-lons, & à faire des bouquets de petites

fleurs qu'elle rencontroit. Le Loup
ne fut pas long-tems à arriver à la
maison de la mere-grande . il heurte ·
Toc , toc , qui est là ? C'est votre fille
le petit Chaperon rouge , dit le Loup ,
en contrefaisant sa voix , qui vous
apporte une galette & un petit pot
de beurre, que ma mere vous envoie.
La bonne mere-grande , qui étoit dans
son lit, à cause qu'elle se trouvoit un
peu mal , lui cria · Tire la chevillette ,
la bobinette cherra , le Loup tira la
chevillette , & la porte s'ouvrit. Il se
jetta sur la bonne femme , & la dé-
vora en moins de rien ; car il y avoit
plus de trois jours qu'il n'avoit mange.
Ensuite il ferma la porte & s'alla coucher dans le lit de la mere grande , en
attendant le petit Chaperon rouge ,
qui, quelque temps après , vint heur-
à la porte. Toc , toc , qui est là ? Le
petit Chaperon rouge , qui entendit
la grosse voix du Loup , eut peur
d'abord , mais croyant que sa mere-
grande étoit enrhumée , répondit :
c'est votre fille le petit Chaperon

A 3

rouge, qui vous apporte une galette
& un petit pot de beurre que ma
mere vous envoie. Le Loup lui cria
en adouciſſant un peu ſa voix. tire
la chevillette, la bobinette cherra.
Le petit Chaperon rouge tira la chevillette, & la porte s'ouvrit

Le Loup la voyant entrer, lui dit,
en ſe cachant dans le lit, ſous la cou-
verture. mets la galette & le petit pot
de beurre ſur la huche, & viens te
coucher avec moi. Le petit Chaperon
rouge ſe deshabille & va ſe mettre
dans le lit, où elle fut bien étonnée
de voir comment ſa mere - grande
étoit faite en ſon deshabillé. Elle lui
dit ma mere-grande, que vous avez
de grands bras! C'eſt pour mieux t'em
braſſer, ma fille. Ma mere-grande,
que vous avez de grandes jambes
C'eſt pour mieux courir, mon enfant
Ma mere-grande, que vous avez de
grandes oreilles ' C'eſt pour mieux
écouter, mon enfant. Ma mere
grande, que vous avez de grands
yeux ' C'eſt pour mieux voir, mon

enfant. Ma mere-grande, que vous avez de grandes dents! C'eſt pour te manger Et en diſant ces mots, ce mechant Loup ſe jetta ſur le petit Chaperon rouge, & la mangea

MORALITÉ.

On voit ici que de jeunes enfans,
Sur tout de jeunes filles,
Belles, bien faites, & gentilles,
Font tres-mal d'écouter toutes fortes de gens,
Et que ce n'eſt pas choſe etrange
S'il en eſt tant que le Loup mange
Je dis le Loup, car tous les Loups
Ne ſont pas de la meme ſorte,
Il en eſt d'une humeur accorte,
Sans bruit, ſans fiel & ſans couroux,
Qui, privés, complaiſans & doux
Suivent les jeunes Demoiſelles
Juſques dans les maſons, juſques dans les ruelles
Mais! helas, qui ne ſait que ces Loups doucereux,
De tous les Loups ſont les plus dangereux.

LA FÉE.

CONTE.

IL étoit une fois une Veuve qui avoit deux filles l'aînée lui ressembloit si fort, & d'humeur & de visage, que qui la voyoit, voyoit la mere. Elles étoient toutes deux si désagréables & si orgueilleuses, qu'on ne pouvoit vivre avec elles. La cadette, qui étoit le vrai portrait de son pere, pour la douceur & pour l'honnêteté, étoit avec cela une des plus belles filles qu'on eût su voir Comme on aime naturellement son semblable, cette mere étoit folle de sa fille aînée, & en même temps avoit une aversion effroyable pour la cadette ; elle la faisoit manger à la cuisine & travailler sans cesse.

Il falloit entre autre chose, que cette pauvre enfant allât deux fois le jour puiser de l'eau à une grande

Pl 3

Les Fées.

demi-lieue du logis, & qu'elle en rapportât plein une grande cruche. Un jour qu'elle étoit à cette fontaine, il vint à elle une pauvre femme, qui la pria de lui donner à boire. Oui-da, ma bonne mere, dit cette belle fille; & rinçant auſſi-tôt ſa cruche, elle puiſa de l'eau au plus bel endroit de la fontaine, & la lui préſenta, ſoutenant toujours la cruche, afin qu'elle bût plus aiſément.

La bonne femme ayant bu, lui dit: Vous êtes ſi belle, ſi bonne, & ſi honnête, que je ne puis m'empêcher de vous faire un don, (car c'étoit une Fée qui avoit pris la forme d'une pauvre femme de village, pour voir juſqu'où iroit l'honnêteté de cette jeune fille.) Je vous donne pour don, pourſuivit la Fée, qu'à chaque parole que vous direz, il vous ſortira de la bouche ou une fleur, ou une pierre précieuſe.

Lorſque cette belle fille arriva au logis, ſa mere la gronda de revenir ſi tard de la fontaine. Je vous demande pardon, ma mere, dit cette pauvre fille, d'avoir tardé si long-temps, & en disant ces mots, il lui sortit de la bouche deux roses, deux perles, & deux gros diamans. Que vois-je là, dit sa mere toute étonnée, je crois qu'il lui sort de la bouche des perles & des diamants : d'où vient cela, ma fille ? (ce fut là la premiere fois qu'elle l'appella sa fille).

La pauvre enfant lui raconta naivement tout ce qui lui étoit arrivé, non sans jetter une infinité de diamants. Vraiment, dit la mere, il faut que j'y envoie ma fille : Tenez, Fanchon, voyez ce qui sort de la bouche de votre sœur quand elle parle . ne seriez-vous pas bien aise d'avoir le même don ? Vous n'avez qu'à aller puiser de l'eau à la fontaine, & quand une pauvre femme vous demandera à boire, lui en donner bien honnêtement. Il me feroit beau voir, répondit la brutale, aller à la fontaine. Je veux que vous y alliez, reprit la mere, & tout à l'heure. Elle y alla mais toujours en grondant. Elle prit le plus beau flacon d'argent qui fût dans le logis.

Elle ne fut pas plutôt arrivée à la fontaine, qu'elle vit sortir du bois une Dame magnifiquement vêtue , qui vint lui demander à boire, c'étoit la même Fée qui avoit apparu à sa sœur, mais qui avoit prit l'air & les habits d'une Princesse, pour voir jusqu'où iroit la malhonnêteté de cette fille. Est-ce que je suis ici venue, lui dit cette brutale orgueilleuse , pour vous donner à boire ? justement, j'ai apporté un flacon d'argent tout exprès pour donner à boire à Madame. J'en suis d'avis, buvez en même si vous voulez.

Vous n'êtes guères honnête, reprit la Fée, sans se mettre en colere hé bien, puisque vous êtes si peu obligeante, je vous donne pour don , qu'à chaque parole que vous direz , il vous sortira de la bouche ou un serpent ou un crapaud. D'abord que sa mere l'apperçut, elle lui cria . Hé bien ma fille ! Hé bien, ma mere, lui répondit la brutale, en jettant deux viperes & deux crapauds. O Ciel ! s'écria la mere, que vois-je là - c'est sa sœur qui en est la cause, elle me le payera, & aussi-tôt elle courut pour la battre La pauvre enfant s'enfuit, & alla se sauver dans la forêt prochaine.

Le fils du Roi, qui revenoit de la chasse, la rencontra ; & la voyant si belle, lui demanda ce qu'elle faisoit là toute seule, & ce qu'elle avoit à pleurer. Hélas ! Monsieur, c'est ma mere qui m'a chassée du logis Le fils du Roi, qui vit sortir de sa bouche cinq ou six perles, & autant de diamants, la pria de lui dire d'où cela lui venoit. Elle lui conta toute son aventure. Le fils du Roi en devint amoureux, & considérant qu'un tel don valoit mieux que tout ce qu'on pouvoit donner en mariage à une autre, l'emmena au palais du Roi son pere, où il l'épousa.

Pour sa sœur, elle se fit tant haïr,

que fa propre mere la chaffa de chez elle; & la malheureufe, après avoir bien couru fans trouver perfonne qui voulût la recevoir, alla mourir au coin d'un bois.

MORALITÉ.

Les d amants & les piſtoles ,
Peuvent beaucoup ſur les eſprits ·
Cependant les douces paroles
Ont encor plus de force, & ſont d'un plus grand prix,

AUTRE MORALITÉ

L'honnetté coute des ſoins ,
Et veut un peu de complaiſance ,
Mais tôt ou tard elle a ſa recompenſe ,
Et ſouvent dans le temps qu'on y penſe le moins,

LA BARBE BLEUE.

CONTE.

IL étoit une fois un homme qui avoit de belles maisons à la ville & à la campagne, de la vaisselle d'or & d'argent, des meubles en broderie, & des carrosses tout dorés; mais par malheur cet homme avoit la barbe bleue cela le rendoit si laid & si terrible, qu'il n'étoit ni femme ni fille qui ne s'enfuit de devant lui.

Une de ses voisines, Dame de qualité, avoit deux filles parfaitement belles : il lui en demanda une en mariage, en lui laissant le choix de celle qu'elle voudroit lui donner. Elles n'en vouloient point toutes deux, & se le renvoyerent l'une à l'autre, ne pouvant se résoudre à prendre un homme qui eût la barbe bleue. Ce qui les dégoûtoit encore, c'est qu'il avoit déja épousé plusieurs femmes, & qu'on ne

Pl. 2.   La Barbe Bleue

favoit ce que ces femmes étoient devenues.

La Barbe bleue, pour faire con-
noiffance, les mena avec leur mere,
& trois ou quatre de leurs meilleures
amies, & quelques jeunes gens du voi-
finage, à une de fes maifons de campagne, où on demeura huit jours entiers. Ce n'étoit que promenades, que
parties de chaffe & de pêche, que
danfes & feftins, que collations · on
ne dormoit point, & on paffoit toute
la nuit à fe faire des malices les uns
les autres ; enfin, tout alla fi bien
que la cadette commença à trouver
que le maître du logis n'avoit plus la
barbe fi bleue, & que c'étoit un fort
honnête homme.

Dès qu'on fut de retour à la ville,
le mariage fe conclut. Au bout d'un
mois, la Barbe bleue dit à fa femme,
qu'il étoit obligé de faire un voyage
en Province, de fix femaines au moins,
pour une affaire de conféquence, qu'il
la prioit de fe bien divertir pendant
fon abfence ; qu'elle fît venir fes bon-

nes amies, qu'elle les menât à la campagne fi elle vouloit, que par-tout
elle fît bonne chere Voilà , lui dit-il ,
les clefs de deux grands garde-meubles · voilà celles de la vaiffelle d'or
& d'argent , qui ne fert pas tous les
jours · voilà celles de mes coffres-forts,
où eft mon or & mon argent , celles
des caffettes où font mes pierreries ,
& voil le paffe-par-tout de tous les
appartements Pour cette petite clef-ci,
c'eft la clef du cabinet au bout de la
grande galerie de l'appartement bas
ouvrez tout , allez par-tout , mais pour
ce petit cabinet , je vous defends d'y
entrer , & je vous le défends de telle
forte , que s'il vous arrive de l'ouvrir , il n'y a rien que vous ne de-
viez attendre de ma colere. Elle promit d'obferver exactement tout ce qui
lui venoit d'être ordonné , & lui ,
après l'avoir embraffée , il monte
dans fon carroffe , & part pour fon
voyage.

Les voifines & les bonnes amies
n'attendirent pas qu'on les envoyat

quérir pour aller chez la jeune mariée,
tant elles avoient d'impatience de voir
toutes les richeffes de fa maifon,
n'ayant ofé y venir pendant que le
mari y étoit, à caufe de fa barbe
bleue, qui leur faifoit peur. Les voilà
auffi-tôt à parcourir les chambres,
les cabinets, les garderobes, toutes
plus belles & plus riches les unes que
les autres. Elles monterent enfuite aux
garde-meubles, où elles ne pouvoient
affez admirer le nombre & la beauté
des tapifferies, des lits, des fophas,
des cabinets, des guéridons, des ta-
bles & des miroirs, où l'on fe voyoit
depuis les pieds jufqu'à la tête, &
dont les bordures, les unes de glace,
les autres d'argent & de vermeil doré,
étoient les plus belles & les plus magnifiques qu'on eût jamais vues : elles ne
ceffoient d'exagérer & d'envier le
bonheur de leur amie, qui cependant
ne fe divertiffoit point à voir toutes
ces richeffes, à caufe de l'impatience
qu'elle avoit d'aller ouvrir le cabinet
de l'appartement bas. Elle fut fi pref-

fée de fa curiofité , que fans confidérer qu'il étoit malhonnête de quitter fa compagnie , elle defcendit par
un efcalier dérobé , & avec tant de
précipitation , qu'elle penfa fe rompre
le cou deux ou trois fois.

Etant arrivée à la porte du cabinet , elle s'y arrêta quelque temps ,
fongeant à la défenfe que fon mari lui
avoit faite , & confidérant qu'il pourroit lui arriver malheur d'avoir été
defobéiffante , mais la tentation étoit
fi forte qu'elle ne put la furmonter
elle prit donc la petite clef , & ouvrit en tremblant la porte du cabinet D'abord elle ne vit rien parce
que les fenêtres étoient fermées, après
quelques momens , elle commença à
voir que le plancher etoit couvert de
fang caillé , dans lequel fe miroient
les corps de plufieurs femmes mortes ,
& attachées le long des murs. C'étoient
toutes les femmes que la Barbe bleue
avoit époufées , & qu'il avoit égorgées l'une après l'autre. Elle penfa
mourir de peur , & la clef du cabi-

net, qu'elle venoit de retirer de la
ferrure, lui tomba de la main.

Après avoir un peu repris ses esprits, elle ramassa la clef, referma la
porte, & monta à sa chambre pour
se remettre un peu ; mais elle n'en
pouvoit venir à bout tant elle étoit
émue. Ayant remarqué que la clef
du cabinet étoit tachée de sang, elle
l'essuya deux ou trois fois ; mais le
sang ne s'en alloit point : elle eut
beau la laver, & même la frotter
avec du sable & avec du grès, il
y demeura toujours du sang; car la
clef étoit Fée, & il n'y avoit pas
moyen de la nettoyer tout-à-fait,
quand on ôtoit le sang d'un côté,
il revenoit de l'autre.

La Barbe Bleue revint de son
voyage dès le soir même, & dit qu'il
avoit reçu des lettres dans le chemin, qui lui avoient appris que l'affaire pour laquelle il étoit parti, venoit d'être terminée à son avantage.
Sa femme fit tout ce qu'elle put pour
lui témoigner qu'elle étoit ravie de
son prompt retour. Le lendemain il

lui redemanda les clefs, & elle les lui donna, mais d'une main si tremblante, qu'il devina sans peine tout ce qui s'étoit passé D'où vient, lui dit-il, que la clef du cabinet n'est point avec les autres ? Il faut, dit-elle, que je l'aie laissée là-haut sur ma table. Ne manquez pas, dit la Barbe Bleue, de me la donner tantôt.

Après plusieurs remises, il fallut apporter la clef. La Barbe Bleue l'ayant considérée, dit à sa femme pourquoi y a-t-il du sang sur cette clef ? Je n'en sais rien, répondit la pauvre femme, plus pâle que la mort. Vous n'en savez rien, reprit la Barbe Bleue ? Je le sais bien moi, vous avez voulu entrer dans le cabinet. Hé bien Madame, vous y entrerez, & irez prendre votre place auprès des Dames que vous y avez vues.

Elle se jetta aux pieds de son mari, en pleurant, & en lui demandant pardon, avec toutes les marques d'un vrai repentir de n'avoir pas été obéis-

fante. Elle auroit attendri un rocher ,
belle & affligée comme elle étoit ;
mais la Barbe Bleue avoit un cœur
plus dur qu'un rocher. Il faut mourir , Madame , lui dit-il , & tout à
l'heure Puifqu'il faut mourir , répondit-elle , en le regardant les yeux bai-
gnés de larmes , donnez-moi un peu
de temps pour prier Dieu Je vous
donne un demi-quart d'heure , reprit
la Barbe Bleue , mais pas un moment davantage.

Lorfqu'elle fut feule , elle appella
fa fœur , & lui dit Ma fœur Anne ,
car elle s'appelloit ainfi , monte , je
te prie , fur le haut de la tour, pour
voir fi mes freres ne viennent point :
ils m'ont promis qu'ils me viendroient
voir aujourd'hui , & fi tu les vois , fais-
leur figne de fe hâter. La fœur Anne
monta fur le haut de la tour, & la
pauvre affligée lui crioit de temps en
temps · Anne, ma fœur Anne, ne
vois-tu rien venir ? Et la fœur Anne
lui répondit . Je ne vois rien que le
Soleil qui poudroie, & l'herbe qui
verdoie.

Cependant la Barbe Bleue tenant un grand coutelas a fa main, crioit de toute fa force à fa femme, defcends vîte, ou je monterai la haut. Encore un moment s'il vous plait, lui répondit fa femme, & auffi-tôt elle crioit tout bas : Anne, ma fœur Anne, ne vois-tu rien venir? Et la fœur Anne répondit : je ne vois rien que le Soleil qui poudroie, & l'herbe qui verdoie. Defcends donc vîte, crioit la Barbe bleue, ou je monterai la haut. Je m'en vais, répondit la femme; & puis elle crioit . Anne, ma fœur Anne, ne vois-tu rien venir? Je vois, répondit la fœur Anne, une groffe pouffiere qui vient de ce côté-ci. Sont-ce mes frères? Hélas non, ma fœur; je vois un troupeau de moutons. Ne veux-tu pas defcendre, crioit la Barbe bleue. Encore un petit moment, répondit fa femme; & puis elle crioit: Anne, ma fœur Anne, ne vois-tu rien venir? Je vois, répondit-elle, deux Cavaliers qui viennent de ce côté, mais ils font bien loin encore:

Dieu foit loué, s'écria-t-elle un moment après, ce font mes freres ; je
leur fais figne tant que je puis de fe
hâter. la Barbe bleue fe mit à crier
fi fort, que toute la maifon en
trembla.

La pauvre femme defcendit, & alla
fe jetter à fes pieds toute épleurée &
toute échevelée cela ne fert de rien,
dit la Barbe bleue, il faut mourir ;
puis la prenant d'une main par les cheveux, & de l'autre levant le coutelas
en l'air, il alloit lui abattre la tête. La
pauvre femme fe tournant vers lui, &
le regardant avec des yeux mourants,
le pria de lui donner encore un petit
moment pour fe recueillir. Non, non,
dit-il, recommande-toi bien à Dieu,
& levant fon bras...... Dans ce
moment on heurta fi fort à la porte,
que la Barbe bleue s'arrêta tout court :
on ouvrit, & auffi-tôt on vit entrer
deux Cavaliers, qui mettant l'épée
à la main, coururent droit à la Barbe
bleue. Il reconnut que c'étoient les
freres de fa femme, l'un Dragon &

l'autre Mousquetaire, de forte qu'il s'enfuit auffi-tôt pour fe fauver : mais les deux frères le pourfuivirent de fi près, qu'ils l'attraperent avant qu'il pût gagner le Perron. Ils lui pafferent leur épée au travers du corps, & le laifferent mort

La pauvre femme étoit prefque auffi morte que fon mari, & n'avoit pas la force de fe lever pour embraffer fes freres. Il fe trouva que la Barbe bleue n'avoit point d'héritiers, & qu'ainfi fa femme demeura maîtreffe de tous fes biens. Elle en employa une partie à marier fa fœur Anne avec un jeune Gentilhomme, dont elle étoit aimée depuis long-temps ; une autre partie à acheter des charges de Capitaines à fes deux freres, & le refte à fe marier elle-même à un fort honnête homme, qui lui fit oublier le mauvais temps qu'elle avoit paffé avec la Barbe bleue.

MORALITÉ.

La curiofité, malgre tous fes attraits,
Coûte fouvent bien de regrets,

On

On en voit tous les jours mille exemples pa-
roître
C'est, n'en deplaise au sexe, un plaisir bien
leger,
Dès qu'on le prend, il cesse d'être,
Et toujours il coute trop cher.

AUTRE MORALITÉ.

Pour peu qu'on ait l'esprit sensé,
Et que du monde on sache le grimoire,
On voit bientôt que cette Histoire
Est un Conte du temps passe.
Il n'est plus d'époux si terrible,
Ni qui demande l'impossible.
Fut-il mal content & jaloux,
Pres de sa femme on le voit filer doux,
Et de quelque couleur que sa barbe puisse
être,
On a peine à juger qui des deux est le maitre.

B

LA BELLE
AU BOIS DORMANT,
CONTE.

Il y avoit une fois un Roi & une Reine, qui etoient si fâchés de n'avoir point d'enfans, si fâchés, qu'on ne sauroit dire Ils allerent a toutes les Eaux du monde · vœux , pélérinages, tout fut mis en œuvre , & rien n'y faisoit Enfin , pourtant, la Reine devint grosse , & accoucha d'une fille: on fit un beau baptême , on donna pour marraines à la petite Princesse toutes les Fees qu'on put trouver dans le pays (il s'en trouva sept), afin que chacune d'elles lui faisant un don, comme c'etoit la coutume des Fées en ce temps-là , la Princesse eût par ce moyen toutes les perfections imaginables.

Après les cérémonies du baptême, toute la compagnie revint au palais

du Roi, où il y avoit un grand feſtin
pour les Fées On mit devant chacune d'elles un couvert magnifique,
avec un étui d'or maſſif, où il y avoit
une cueiller, une fourchette, & un
couteau de fin or, garni de diamans
& de rubis. Mais comme chacun pre-
noit ſa place à table, on vit entrer
une vieille Fée, qu'on n'avoit point
priée, parce qu'il y avoit plus de
cinquante ans qu'elle n'étoit ſortie
d'une tour, & qu'on la croyoit morte, ou enchantée. Le Roi lui fit donner un couvert, mais il n'y eut pas
moyen de lui donner un étui d'or
maſſif, comme aux autres, parce que
l'on n'en avoit fait faire que ſept pour
les ſept Fées. La vieille crut qu'on la
mépriſoit, & grommela quelques me-
naces entre ſes dents. Une des jeunes Fées, qui ſe trouva auprès d'elle,
l entendit, & jugeant qu'elle pourroit donner quelque fâcheux don à
la petite Princeſſe, alla, dès qu'on
fut ſortie de table, ſe cacher derriere
la tapiſſerie, afin de parler la der-

niere , & de pouvoir reparer , autant qu'il lui feroit poffible , le mal que la vieille auroit fait

Cependant les Fees commencerent à faire leurs dons à la Princeffe. La plus jeune lui donna pour don , qu'elle feroit la plus belle perfonne du monde; celle d'après , qu'elle auroit de l'efprit comme un ange. la troifieme , qu'elle auroit une grace admirable à tout ce qu'elle feroit ; la quatrieme , qu'elle danferoit parfaitement bien ; la cinquieme , qu'elle chanteroit comme un roffignol , & la fixieme , qu'elle joueroit de toutes fortes d'inftrumens dans la derniere perfection.

Le rang de la vieille Fée étant venu, elle dit , en branlant la tête, avec plus de dépit que de vieilleffe , que la Princeffe fe perceroit la main d'un fufeau , & qu'elle en mourroit. Ce terrible don fit frémir toute la compagnie , & il n'y eut perfonne qui ne pleurât

Dans ce moment la jeune Fée fortit de derriere la tapifferie , & dit tout

haut ces paroles · Raffurez-vous,
Roi & Reine, votre fille n'en mourra
pas. il eft vrai que je n'ai pas affez
de puiffance pour défaire entiérement
ce que mon ancienne a fait. La Princeffe fe percera la main d'un tufeau ;
mais au-lieu d'en mourir, elle tom-
bera feulement dans un profond fom-
meil qui durera cent ans, au bout def-
quels le fils d'un Roi viendra la réveiller.

Le Roi, pour tâcher d'éviter le
malheur annoncé par la vieille, fit
publier auffi-tôt un édit, par lequel
il défendoit à toutes perfonnes de filer
au fufeau, ni d'avoir de fufeau chez
foi, fur peine de la vie. Au bout de
quinze ou feize ans, le Roi & la Reine
étant allés à une de leurs maifons
de plaifance, il arriva que la jeune
Princeffe, courant un jour dans le
château, & montant de chambre en
chambre, alla jufqu'au haut d'un don-
jon, dans un petit galetas, où une
bonne vieille étoit feule à filer fa quenouille. Cette bonne femme n'avoit

point oui parler des défenfes que le
Roi avoit faites de filer au fuſeau
Que faites-vous là, ma bonne femme, dit la Princeſſe? Je file, ma belle
enfant, lui repondit la vieille, qui ne
la connoiſſoit pas. Ha! que cela eſt
joli, reprit la Princeſſe : comment
faites-vous? donnez-moi, que je voie
ſi j'en ferois bien autant. Elle n'eut
pas plutôt pris le fuſeau, que comme
elle étoit fort vive, un peu étourdie,
& que d'ailleurs l'arrêt des Fées l'ordonnoit ainſi, elle s'en perça la main,
& tomba évanouie

La bonne vieille bien embarraſſée,
crie au ſecours. on vient de tous côtés;
on jette de l'eau au viſage de la Princeſſe, on la délace; on lui frappe
dans les mains; on lui frotte les tem-
pes avec de l'eau de la Reine de
Hongrie ; mais rien ne la faiſoit revenir.

Alors le Roi, qui étoit monté au
bruit, ſe ſouvint de la prédiction des
Fées, & jugeant bien qu'il falloit que
cela arrivât, puiſque les Fées l'avoient

dit, fit mettre la Princeffe dans le plus
bel appartement du Palais, fur un lit
en brode ie d'or & d'argent On eut
dit un Ange, tant elle étoit belle,
car fon évanouiffement n'avoit pas
ôté les couleurs vives de fon teint :
fes joues étoient incarnates, & les
levres comme du corail ; elle avoit
feulement les yeux fermés, mais on
l'entendoit refpirer doucement, ce
qui failoit voir qu'elle n'étoit pas
morte Le Roi ordonna qu'on la
laiffa dormir en repos, jufqu'à ce
que fon heure de fe reveiller fut
venue.

La bonne Fée qui lui avoit fauvé
la vie, en la condamnant à dormir
cent ans, étoit dans le Royaume de
Matakin, à douze mille lieues de
là, lorfque l'accident arriva à la Princeffe, mais elle en fut avertie en un
inftant par un petit Nain, qui avoit
des bottes de fept lieues ; (c'étoient
des bottes avec lefquelles on faifoit
fept lieues d'une feule enjambée.) La
Fée partit auffi-tôt ; & on la vit au

bout d'une heure arriver dans un chariot tout de feu, traîné par des dra-
gons. Le Roi lui alla préfenter la
main à la defcente du chariot. Elle
approuva tout ce qu'il avoit fait; mais
comme elle étoit grandement prévoyante, elle penfa que quand la
Princeffe viendroit à fe réveiller, elle
feroit bien embarraffée toute feule dans
ce vieux Château · voici ce qu'elle
fit. Elle toucha de fa baguette tout
ce qui étoit dans ce Château, (hors
le Roi & la Reine) Gouvernantes,
Filles d'Honneur, Femmes-de-cham-
bre, Gentilshommes, Officiers, Maî-
tres-d'hôtel, Cuifiners, Marmitons,
Galopins, Gardes, Suiffes, Pages,
Valets-de-pied, elle toucha auffi tous
les chevaux qui étoient dans les écu-
ries avec les Palfreniers, les gros mâ-
tins de la baffe-cour, & la petite
Poufle, petite chienne de la Princeffe,
qui étoit auprès d'elle fur fon lit.

Dès qu'elle les eut touchés, ils
s'endormirent tous, pour ne fe réveiller qu'en même tems que leur

maîtreſſe , afin d'être tous prêts à
la ſervir quand elle en auroit beſoin.
Les broches mêmes , qui étoient au
feu , toutes pleines de perdrix & de
faiſans , s'endormirent , & le feu auſſi
Tout cela ſe fit en un moment , les Fées
n'étoient pas longues à leur béſogne.

Alors le Roi & la Reine , après
avoir baiſé leur cher enfant ſans qu'elle
s'éveillât , ſortirent du Château , & firent publier des défenſes à qui que ce
ſoit d'en approcher Ces défenſes n'é-
toient pas néceſſaires : car il crût dans
un quart-d'heure , tout autour du parc ,
une ſi grande quantité de grands arbres & de petits , de ronces & d'épines entrelacées les unes dans les autres , que bête ni homme n'y auroit
pu paſſer en ſorte qu'on ne voyoit
plus que le haut des tours du Château , encore n'étoit-ce que de bien
loin. On ne douta point que la Fée
n'eût encore fait là un tour de ſon
métier , afin que la Princeſſe , pendant
qu'elle dormiroit, n'eût rien à craindre
des curieux.

Au bout de cent ans, le fils du Roi qui régnoit alors, & qui étoit d'une autre famille que la Princesse endormie, etant allé a la chasse de ce côte-là, demanda ce que c'étoit que des tours qu'il voyoit au-dessus d'un grand bois fort épais, chacun lui répondit selon qu'il en avoit oui parler. Les uns disoient que c'étoit un vieux château où il revenoit des Esprits, les autres, que tous les Sorciers de la contrée y faisoient leur sabbat. la plus commune opinion étoit, qu'un Ogre y demeuroit, & que là il emportoit tous les enfants qu'il pouvoit attraper, pour les pouvoir manger à son aise, & sans qu'on le pût suivre, ayant seul le pouvoir de se faire un passage au travers du bois.

Le Prince ne savoit qu'en croire, lorsqu'un vieux paysan prit la parole, & lui dit mon Prince, il y a plus de cinquante ans que j'ai oui dire à mon pere, qu'il y avoit dans ce château une Princesse, la plus belle qu'on eût su voir ; qu'elle y devoit dormir cent ans, & qu'elle seroit re-

veillée par le fils d'un Roi, à qui elle
étoit refervée Le jeune Prince, à ce
difcours, fe fentit tout de feu, il crut
fans balancer, qu'il mettoit fin à une fi
belle aventure, &, pouffé par l'amour
& par la gloire, il réfolut de voir fur
le champ ce qui en étoit.

A peine s'avança-t-il vers le bois,
que tous ces grands arbres, ces ronces
& ces épines s'ecarterent d'elles-mê-
mes pour les laiffer paffer. Il marche
vers le Château qu il voyoit au bout
d'une grande avenue, où il entra, &
ce qui le furprit un peu, il vit que
perfonne de fes gens ne l'avoient pu
fuivre, parce que les arbres s'étoient
rapprochés dès qu'il avoit été paffé.
Il ne laiffa pas de continuer fon chemin : un Prince jeune & amoureux,
eft toujours vaillant Il entra dans une
grande avant-cour, où tout ce qu'il
vit d'abord étoit capable de le glacer
de crainte. C'étoit un filence affreux :
l'image de la mort s'y préfentoit par-
tout, & ce n'étoient que des corps
étendus d'hommes & d'animaux qui

paroiſſoient morts. Il reconnut pourtant bien aux nez bourgeonnés, & à la face vermeille des Suiſſes qu'ils n'etoient qu'endormis; & leurs taſſes, où il y avoit encore quelques gouttes de vin, montroient aſſez qu'ils s'étoient endormis en buvant.

Il paſſa une grande cour pavée de marbre il monte l'eſcalier, il entre dans la ſalle des Gardes, qui étoient ranges en haie, la carabine ſur l'épaule, & ronſlant de leur mieux. Il traverſe pluſieurs chambres pleines de Gentilshommes & de Dames, dormant tous, les uns debout, les autres aſſis. il entre dans une chambre toute dorée; & il vit ſur un lit, dont les rideaux étoient ouverts de tous côtés, le plus beau ſpectacle qu'il eût jamais vu, une Princeſſe qui paroiſſoit avoir quinze ou ſeize ans, & dont l'éclat reſplendiſſant avoit quelque choſe de lumineux & de divin. Il s'approcha en tremblant & en admirant, & ſe mit à genoux auprès d'elle

Alors, comme la fin de l'enchantement étoit venue, la Princeſſe s'éveilla, & le regardant avec des yeux plus tendres qu'une premiere vue ne ſembloit le permettre : Eſt-ce vous, mon Prince, lui dit-elle ? vous vous êtes bien fait attendre.

Le Prince, charmé de ces paroles, & plus encore de la maniere dont elles étoient dites, ne ſavoit comment lui témoigner ſa joie & ſa reconnoiſſance, il l'aſſura qu'il l'aimoit plus que lui même. Ses diſcours furent mal rangés ; ils en plurent davantage. peu d'éloquence, beaucoup d'amour. Il étoit plus embarraſſé qu'elle, & l'on ne doit pas s'en étonner : elle avoit eu le temps de ſonger à ce qu'elle auroit à lui dire, car il y a apparence, (l'hiſtoire n'en dit pourtant rien) que la bonne Fée, pendant un ſi long ſommeil, lui avoit procuré le plaiſir des ſonges agréables. Enfin, il y avoit quatre heures qu'ils ſe parloient, & ils ne s'étoient pas encore dit la moitié des choſes qu'ils avoient à ſe dire.

Cependant tout le Palais s'étoit ré-
veille avec la Princeffe; chacun fon-
geoit à faire fa charge · & comme ils
n'etoient pas tous amoureux, ils mouroient de faim. La Dame d'Honneur
preffée comme les autres, s'impatienta, & dit tout haut à la Princeffe, que la viande étoit fervie. Le
Prince aida à la Princeffe à fe lever.
elle étoit toute habillée, & fort magnifiquement, mais il fe garda bien
de lui dire qu'elle étoit habillée comme
ma mere grande, & qu'elle avoit un
collet monté. elle n'en étoit pas moins
belle.

Ils pafferent dans un fallon de miroirs, & y fouperent, fervis par les
Officiers de la Princeffe. Les violons
& les hautbois jouerent de vieilles
pieces, mais excellentes, quoiqu'il y
eût près de cent ans qu'on ne les jouât
plus : & après foupé. fans perdre de
temps, le grand Aumônier les maria
dans la Chapelle du Château, & la
Dame d'Honneur leur tira le rideau.
Ils dormirent peu : la Princeffe n'en

avoit pas grand befoin , & le Prince
la quitta dès le matin pour retourner
à la ville où fon pere devoit être en
peine de lui. Le Prince lui dit qu'en
chaffant il s'étoit perdu dans la forêt,
& qu'il avoit couché daus la hutte
d'un Charbonnier, qui lui avoit fait
manger du pain noir & du fromage.

Le Roi fon Pere, qui étoit bon
homme, le crut. mais fa mere n'en
fut pas bien perfuadée, & voyant
qu'il alloit prefque tous les jours à
la chaffe, & qu'il avoit toujours une
raifon en main pour s'excufer quand
il avoit couché deux ou trois nuits
dehors, elle ne douta plus qu'il n'eût
quelque amourette; car il vécut avec
la Princeffe plus de deux ans entiers,
& en eut deux enfans, dont le premier, qui fut une fille, fut nommé
l'Auroie, & le fecond, un fils, qu'on
nomma le jour, parce qu'il paroiffoit
encore plus beau que fa fœur.

La Reine dit plufieurs fois à fon
fils pour le faire expliquer, qu'il falloit fe contenter dans la vie, mais

il n'ofa jamais le fier à elle de fon
fecret. il la craignoit, quoiqu'il l'ai-
mât, car elle étoit de race Ogreffe,
& le Roi ne l'avoit époulée qu'à caule
de les grands biens. On difoit même
tout bas à la Cour, qu'elle avoit les
inclinations des Ogres, & qu'en
voyant paffer de petits enfants elle
avoit toutes les peines du monde à
fe retenir de fe jetter fur eux, ainfi
le Prince ne voulut jamais rien dire.

Mais quand le Roi fut mort, ce
qui arriva au bout de deux ans, &
qu'il fe vit le maître, il déclara pu-
bliquement fon mariage, & alla en
grande cérémonie quérir la Reine fa
femme dans fon Château On lui fit
une entrée magnifique dans la ville
capitale, où elle entra au milieu de
fes deux enfans.

Quelque temps après, le Roi alla
faire la guerre à l'Empereur Canta-
labutte, fon voifin Il laiffa la régence du Royaume à la Reine fa
mere, & lui recommanda fort fa
femme & fes enfans: il devoit être

à la guerre tout l'été , & dès qu'il fut parti, la Reine-mere envoya fa Bru & fes enfans à une maifon de campagne dans le bois, pour pou-voir plus aifément affouvir fon hor-rible envie.

Elle y alla quelques jours après, & dit un foir à fon Maître-d'Hôtel. je veux manger demain à mon dîner la petite Aurore. Ah ! Madame, dit le Maître-d'Hôtel Je le veux, dit la Reine (& elle le dit d'un ton d'O-greffe, qui a envie de manger de la chair fraiche) & je la veux manger à la fauffe Robert. Ce pauvre homme voyant bien qu'il ne falloit pas fe jouer à une Ogreffe, prit fon grand coûteau , & monta à la chambre de la petite Aurore. Elle avoit pour lors quatre ans, & vint en fautant & en riant fe jetter à fon col, & à lui demander du bon-bon. Il fe mit à pleurer · le coûteau lui tomba des mains, & il alla dans la baffe cour couper la gorge à un petit agneau, & lui fit une fi bonne fauffe, que fa

maîtreſſe l'aſſuia qu'elle n'avoit jamais rien mangé de ſi bon. Il avoit
emporté en même temps la petite
Aurore, & l'avoit donnée à ſa femme, pour la cacher dans le loge-
ment qu'elle avoit au fond de la baſ-
ſe-cour.

Huit jours aprés, la méchante
Reine dit à ſon Maître-d'Hôtel Je
veux manger à mon ſouper le petit
Jour; il ne repliqua pas, réſolu de
la tromper comme l'autre fois Il alla
chercher le petit Jour, & le trouva
avec un petit fleuret a la main, dont
il faiſoit des armes avec un gros ſinge :
Il n'avoit pourtant que trois ans. Il
le porte a ſa femme, qui le cacha
avec la petite Aurore, & donna à
la place de petit Jour, un petit che-
vreau fort tendre, que l'Ogreſſe trouva admirablement bon.

Cela étoit fort bien allé juſques-là,
mais un ſoir cette méchante Reine dit
au Maître-d'Hôtel je veux manger la
Reine à la même ſauſſe que ſes enfans.
Ce fut alors que le pauvre Maître-

d'Hôtel déſeſpéra de la pouvoir encore tromper. La jeune Reine avoit
vingt ans paſſés, ſans compter les
cent ans qu'elle avoit dormi ſa peau
étoit un peu dure, quoique belle &
blanche, & le moyen de trouver dans
la ménagerie une bête auſſi dure que
cela Il prit la réſolution, pour ſauver
ſa vie, de couper la gorge à la Reine,
& monta dans ſa chambre, dans l'in-
tention de n'en pas faire à deux fois.
Il s'excitoit à la fureur, & entra le
poignard à la main dans la chambre
de la jeune Reine il ne voulut pourtant point la ſurprendre, & il lui dit,
avec beaucoup de reſpeêt, l'ordre qu'il
avoit reçu de la Reine-Mere. Faites,
faites, lui dit-elle, en lui tendant le
col, exécutez l'ordre qu'on vous a
donné, j'irai revoir mes enfans, mes
pauvres enfans que j'ai tant aimés.
elle les croyoit morts depuis qu'on
les avoit enlevés ſans lui rien dire.
Non, non, Madame, lui répondit
le pauvre Maître-d'Hôtel tout attendri, vous ne mourrez point, & vous

ne laifferez pas d'aller revoir vos enfans, mais ce fera chez moi, où je les
ai cachés, & je tromperai encore la
Reine, en lui faifant manger une jeune
biche en votre place Il la mena auffi-
tôt à fa chambre, où la laiffant embraffer fes enfans, & pleurer avec
eux, il alla accommoder une biche,
que la Reine mangea à fon fouper,
avec le même appétit que fi c'eût été
la jeune Reine. elle étoit bien contente de fa cruauté; & elle fe pre-
paroit à dire au Roi, à fon retour,
que les loups enragés avoient mange
la Reine fa femme & fes deux enfans,

Un foir qu'elle rodoit à fon ordi
naire dans les cours & baffe-cours
du Château, pour y halener quelque
viande fraîche, elle entendit dans une
falle baffe le petit Jour qui pleuroit,
parce que la Reine fa mere le vouloit
faire fouetter, à caufe qu'il avoit ete
méchant, & elle entendit auffi la petite Aurore qui demandoit pardon
pour fon frere

L'Ogreffe reconnut la voix de la

Reine & de fes enfans; & furieufe
d'avoir été trompée, elle commande
dès le lendemain au matin, avec une
voix épouvantable, qui faifoit trembler
tout le monde, qu'on apportât au
milieu de la cour une grande cuve,
qu'elle fit remplir de crapauds, de
vipères, de couleuvres & de fer-
pents, pour y faire jetter la Reine
& fes enfants, le Maître-d'Hôtel,
fa femme & fa fervante · elle avoit
donné ordre de les amener les mains
liées derriere le dos

Ils étoient là, & les bourreaux fe
préparoient à les jetter dans la cuve,
lorfque le Roi, qu'on n'attendoit pas
fi-tôt, entra dans la cour à cheval;
il étoit venu en pofte, & demanda
tout étonné, ce que vouloit dire cet
horrible fpectacle. Perfonne n'ofoit
l'en inftruire, quand l'Ogreffe, en-
ragée de voir ce qu'elle voyoit, fe
jetta elle-même, la tête la premiere,
dans la cuve. & fut dévorée en un
inftant par les vilaines bêtes qu'elle
y avoit fait mettre. Le Roi ne laiffa

pas d'en être fâché . elle étoit fa mere
mais il s'en confola bientôt avec f
belle femme & fes enfans.

MORALITÉ

Attend-e quelque temps pour avoir un époux
   Riche, bien fait, galant & doux,
   La chofe eft affez naturelle,
Mais l'attendre cent ans, & toujours en dor-
   mant,
   On ne trouve plus de femelle
   Qui dormit fi tranquillement.
La Fable femble encor vouloir nous faire en
   tendre,
Que fouvent de l'hymen les agreables nœuds
Pour être differes n'en font pas moins heu
   reux,
   Et qu'on ne perd rien pour attendre.
   Mais le fexe, avec tant d'ardeur,
   Afpire a la foi conjugale,
   Que je n ai la force ni le cœur,
   De lui prêcher cette morale.

LE MAITRE CHAT,

O U

LE CHAT BOTTÉ.

CONTE

Un Meûnier ne laiffa pour tous biens à trois enfants qu'il avoit, que fon Moulin, fon Ane & fon Chat. Les partages furent bientôt faits ; ni le Notaire, ni le Procureur n'y furent point appellés · ils auroient eu bientôt mangé tout le pauvre patrimoine. L'aîné eut le Moulin , le fecond eut l'Ane & le plus jeune n'eut que le Chat.

Ce dernier ne pouvoit fe confoler d'avoir un fi pauvre lot mes freres , difoit-il, pourront gagner leur vie honnêtement en fe mettant enfemble ; pour moi , lorfque j'aurai mangé mon Chat , & que je me ferai fait un manchon de fa peau , il faudra que je meure de faim. Le Chat , qui entendoit ce difcours , mais qui n'en

fit pas femblant, lui dit d'un air
pofé & ferieux. Ne vous affligez
point, mon Maître; vous n'avez
qu'à me donner un fac, & me fure
faire une paire de bottes pour aller
dans les brouffailles, & vous verrez que vous n'êtes pas fi mal partage que vous croyez.

Quoique le Maître du Chat ne fit
pas grand fond là-deffus, il lui avoit
vu faire tant de tours de foupleffe,
pour prendre des rats & des fouris,
comme quand il fe pendoit par les
pieds, ou qu'il fe cachoit dans la fa-
rine pour faire le mort, qu'il ne dé-
fefpéra pas d'en être fecouru dans fa
mifere. Lorfque le Chat eut ce qu'il
avoit demandé, il fe botta bravement;
& mettant fon fac à fon cou, il
en prit les cordons avec fes deux
pattes de devant, & s'en alla dans
une garenne, où il y avoit grand nombre de lapins. Il mit du fon & des
lacerons dans fon fac, & s'étendant
comme s'il eût été mort, il attendit
que quelque jeune lapin, peu inftruit
encore

encore des rufes de ce monde, vînt
fe fourrer dans fon fac pour manger
ce qu'il y avoit mis.

A peine fut-il couché, qu'il eut
contentement, un jeune étourdi de
lapin entre dans fon fac, & le maître-
Chat tirant auffi-tôt les cordons, le
prit & le tua fans miféricorde. Tout
glorieux de fa proie, il s'en alla chez
le Roi, & demanda à lui parler. On
le fit monter à l'appartement de Sa
Majefté, où étant entré, il fit une
grande révérence au Roi, & lui dit:
Voila, Sire, un lapin de garenne que
Monfieur le Marquis de Carabas (c'é-
toit le nom qu'il lui prit en gré de
donner à fon Maître) m'a chargé de
vous préfenter de fa part. Dis à ton
Maître, répondit le Roi, que je le
remercie, & qu'il me fait plaifir.

Une autre fois il alla fe cacher dans
un bled, tenant toujours fon fac ou-
vert, & lorfque deux perdrix y furent entrées, il tira les cordons, &
les prit toutes deux. Il alla enfuite les
préfenter au Roi, comme il avoit fait

C

le lapin de garenne. Le Roi reçut encore avec plaisir les deux perdrix, & lui fit donner pour boire.

Le Chat continua ainsi, pendant deux ou trois mois, de porter de temps en temps au Roi du gibier de la chasse de son Maître. Un jour qu'il sut que le Roi devoit aller à la promenade, sur le bord de la Riviere, avec sa fille, la plus belle Princesse du monde, il dit à son Maître, si vous voulez suivre mon conseil, votre fortune est faite. vous n'avez qu'à vous baigner dans la riviere à l'endroit que je vous montrerai, & ensuite me laisser faire. Le Marquis de Carabas fit ce que son Chat lui conseilloit, sans savoir à quoi cela seroit bon.

Dans le temps qu'il se baignoit, le Roi vint à passer, & le Chat se mit à crier de toute sa force, au secours, au secours; voilà M le Marquis de Carabas qui se noie. A ce cri, le Roi mit la tête à la portiere, & reconnoissant le Chat qui lui avoit apporté tant de fois du gibier, il

ordonna à fes Gardes qu'on allât vîte
au fecours de M. le Marquis de Carabas.

Pendant qu'on retiroit le pauvre
Marquis de la riviere, le Chat s'approchant du carroffe, dit au Roi,
que dans le temps que fon Maître
fe baignoit, il étoit venu des voleurs
qui avoient emporté fes habits, quoiqu'il eût crié au voleur de toute fa
force le drôle les avoit caché fous
une groffe pierre Le Roi ordonna
auffi-tôt aux Officiers de fa garde-
robe d'aller querir un de fes plus beaux
habits pour M. le Marquis de Carabas.

Le Roi lui fit mille careffes ; &
comme les beaux habits qu'on venoit
de lui donner relevoient fa bonne
mine, (car il étoit beau, & bien
fait de fa perfonne) la fille du Roi
le trouva fort à fon gré ; & le Marquis de Carabas ne lui eut pas plutôt jetté deux ou trois regards fort
refpectueux, & un peu tendres, qu'elle
en devint amoureufe à la folie. Le

Roi voulut qu'il montât dans son carrosse, & qu'il fût de la promenade.
Le Chat, ravi de voir que son des-
sein commençoit à réussir, prit les
devants ; & avant rencontré des Paysans qui fauchoient un pré il leur dit.
Bonnes gens qui fauchez, si vous ne
dites au Roi que le pré que vous fau-
chez appartient à M. le Marquis de Ca-
rabas, vous serez tous hachés menu
comme chair à pâté.

Le Roi ne manqua pas à demander aux Faucheurs à qui étoit ce pré
qu'ils fauchoient : C'est à M. le Marquis de Carabas, dirent-ils tous ensemble ; car la menace du Chat leur
avoit fait peur. Vous avez là un bel
héritage, dit le Roi au Marquis de
Carabas. Vous voyez, Sire, répondit
le Marquis ; c'est un pré qui ne manque point de rapporter abondamment
toutes les années. Le Maître Chat,
qui alloit toujours devant, rencontra
des Moissonneurs, & leur dit · *Bon-*
nes gens qui moissonnez, si vous ne
dites que tous ces bleds appartiennent

à Monsieur le Marquis de Carabas,
vous serez tous hachés menu comme chair
à pâté

Le Roi qui passa un moment après,
voulut savoir à qui appartenoient tous
les bleds qu'il voyoit C'est à Monsieur le Marquis de Carabas, répondirent les Moissonneurs ; & le Roi s'en
réjouit encore avec le Marquis Le
Chat, qui alloit devant le carrosse,
disoit toujours la même chose à tous
ceux qu'il rencontroit, & le Roi étoit
étonné des grands biens de M. le
Marquis de Carabas.

Le Maître Chat arriva enfin dans
un beau château, dont le maître étoit
un Ogre, le plus riche qu'on ait
jamais vu, car toutes les terres par
où le Roi avoit passé étoient de la
dépendance de ce château. Le Chat
eut soin de s'informer qui étoit cet
Ogre, & ce qu'il savoit faire, &
demanda à lui parler, disant qu'il
n'avoit pas voulu passer si près de
son château, sans avoir l'honneur de
lui faire la révérence.

L'Ogre le reçut aussi civilement que le peut un Ogre, & le fit répo-ser On m'a assuré, dit le Chat, que vous aviez le don de vous chan-ger en toutes sortes d'animaux ; que vous pouviez, par exemple, vous transformer en lion, en éléphant · Cela est vrai, répondit l'Ogre brusque-ment, & pour vous le montrer, vous m'allez voir devenir lion Le Chat fut si effrayé de voir un lion devant lui, qu'il gagna aussi-tôt les gou-tieres, non sans peine & sans pé-ril, à cause de ses bottes, qui ne valoient rien pour marcher sur les tuiles. Quelque temps après, le Chat ayant vu que l'Ogre avoit quitté sa premiere forme, descendit, & avoua qu'il avoit eu bien peur.

On m'a assuré encore, dit le Chat, mais je ne saurois le croire, que vous aviez aussi le pouvoir de pren-dre la forme des plus petits animaux ; par exemple, de vous changer en un rat, en une souris. je vous avoue que je tiens cela tout-à-fait impoffible , reprit l'Ogre ? vous allez voir , & en même tems il se changea en une souris, qui se mit à courir sur le plancher. Le Chat ne l'eut pas plutôt apperçue , qu'il se jetta deffus , & la mangea.

Cependant le Roi, qui vit en paffant le beau Château de l'Ogre , voulut entrer dedans Le Chat, qui entendit le bruit du carroffe qui paffoit sur le pont-levis, courut au devant, & dit au Roi Votre Majeflé foit la bien-venue dans le Château de Monfieur le Marquis de Carabas. Comment , Monfieur le Marquis, s'écria le Roi, ce Château eft encore à vous ? il ne se peut rien de plus beau que cette cour & tous ces bâtimens qui l'environnent , voyons les dedans , s'il vous plaît. Le Marquis donna la main à la jeune Princeffe ; & fuivant le Roi, qui montoit le premier, ils entrerent dans une grande falle , où ils trouverent une magnifique collation, que l'Ogre avoit fait préparer pour ses amis , qui le

devoient venir voir ce même jour-
là, mais qui n'avoient pas ofé entrer, fachant que le Roi y étoit.
Le Roi, charmé des bonnes qualités de Monfieur le Marquis de Carabas, de même que fa fille qui en
étoit folle, & voyant les grands
liens qu'il poffedoit, lui dit, après
avoir bu cinq ou fix coups Il ne
tiendra qu'à vous, Monfieur le Marquis, que vous ne foyez mon gendre. Le Marquis faifant de grandes
révérences, accepta l'honneur que
lui faifoit le Roi, & dès le même
jour il époufa la Princeffe.

Le Chat devint grand Seigneur,
& ne courut plus après les fouris que
pour fe divertir.

M O R A L I T É.

Quelque grand que foit l'avantage
De Jouir d'un riche heritage
Venant a nous de pere en fils,
Aux jeunes gens pour l'ordinaire,
L'induftrie & le favoir faire,
Valent mieux que des biens acquis

Pl. 7   Cendrillon

AUTRE MORALITÉ.

Si le fils d'un Meunier avec tant de vîtesse,
Gagne le cœur d'une Princesse,
Et s'en fait regarder avec des yeux mourants·
C'est que l'habit, la mine & la jeunesse,
Pour inspirer de la tendresse,
Ne font pas des moyens toujours indifferents.

CENDRILLON,

OU LA PETITE

PANTOUFLE DE VERRE.

CONTE VI.

IL étoit une fois un Gentilhomme, qui épousa en secondes nôces une femme, la plus hautaine & la plus fiere qu'on eût jamais vue Elle avoit deux filles de son humeur, & qui lui ressembloient en toutes choses. Le mari avoit de son côté une jeune fille, mais d'une douceur & d'une bonté sans exemple, elle tenoit cela de sa

C 5

mere, qui étoit la meilleure perfonne du monde.

Les nôces ne furent pas plutôt faites, que la belle-mere fit éclater fa mauvaife humeur ; elle ne put foufrir les bonnes qualités de cette jeune enfant, qui rendoient fes filles encore plus haïffables, elle la chargea des plus viles occupations de la maifon. c'étoit elle qui nettoyoit la vaiffelle & les montées, qui frottoit la chambre de Madame, & celles de Mefdemoifelles fes filles · elle couchoit tout au haut de la maifon, dans un grenier, fur une méchante paillaffe, pendant que fes fœurs étoient dans des chambres parquetées, où elles avoient des lits des plus à la mode, & des miroirs où elles fe voyoient depuis les pieds jufques à la tête. La pauvre fille fouffroit tout avec patience, & n'ofoit s'en plaindre à fon pere, qui l'auroit grondée, parce que fa femme le gouvernoit entiérement. Lorfqu'elle avoit fait fon ouvrage, elle s'alloit mettre au coin de la cheminée, &

s'affeoir dans les cendres · ce qui faifoit qu'on l'appelloit communément
dans le logis *Cucendron* la cadette
qui n'étoit pas si malhonnête que fon
aînée, l'appelloit Cendrillon. Cependant Cendrillon avec fes méchants
habits, ne laiffoit pas d'être cent
fois plus belle que fes fœurs, quoique vêtues très-magnifiquement.

Il arriva que le fils du Roi donna un Bal, & qu'il en pria toutes
les perfonnes de qualité nos deux
Demoifelles en furent auffi priées, car
elles faifoient grande figure dans le
Pays. Les voilà bien-aifes, & bien
occupées à choifir les habits & les coef-
fures qui leur feyeroient le mieux nouvelle peine pour Cendrillon, car c'étoit
elle qui repaffoit le linge de fes fœurs,
& qui godronnoit leurs manchettes :
on ne parloit que de la manière dont
on s'habilleroit. Moi, dit l'aînée,
je mettrai mon habit de velours rouge
& ma garniture d'Angleterre. Moi,
dit la cadette, je n'aurai que ma jup-
pe ordinaire, mais en recompenfe,

je mettrai mon manteau à fleurs d'or,
& ma barriere de diamants, qui n'eſt
pas des plus indifférentes On envoya
querir la bonne Coeffeuſe pour dreſ-
ſer les cornettes à deux rangs, &
on fit acheter des mouches de la
bonne Faiſeuſe · elles appellerent
Cendrillon pour lui demander ſon
avis; car elle avoit le goût bon.

Cendrillon les conſeilla le mieux
du monde, & s'offrit même à les
coeffer, ce qu'elles voulurent bien.
Et les coeffant, elles lui diſoient.
Cendrillon, ſerois-tu bien-aiſe d'aller au Bal ? Hélas, Meſdemoiſelles,
vous vous moquez de moi. ce n'eſt
pas là ce qu'il me faut. Tu as raiſon ; on riroit bien, ſi on voyoit
un Cucendron aller au Bal Une autre que Cendrillon les auroit coef-
fées de travers, mais elle étoit bonne, & elle les coeffa parfaitement
bien. Elles furent près de deux jours
ſans manger, tant elles étoient tranſ-
portées de joie on rompit plus de
douze lacets à force de les ſerrer pour

leur rendre la taille plus menue , & elles etoient toujours devant leur miroir. Enfin , l'heureux jour arriva : on partit , & Cendrillon les suivit des yeux le plus long-temps qu'elle put ; lorsqu'elle ne les vit plus , elle se mit à pleurer.

Sa marraine , qui la vit tout en pleurs , lui demanda ce qu'elle avoit. Je voudrois bien..... Je voudrois bien. .. Elle pleuroit si fort, qu'elle ne put achever. Sa marraine , qui étoit Fée , lui dit · Tu voudrois bien aller au Bal n'est-ce pas ‑ Hélas , oui , dit Cendrillon en soupirant. Hé bien , feras-tu bonne fille , dit sa marraine , je t'y ferai aller ‑ Elle la mena dans sa chambre , & lui dit : Vas dans le jardin , & apporte-moi une citrouille Cendrillon alla aussi-tôt cueillir la plus belle qu'elle put trouver , & la porta à sa marraine, ne pouvant deviner comment cette citrouille la pourroit faire aller au Bal. Sa marraine la creusa & n ayant laissé que l'écorce, la frappa de sa baguet‑

te, & la citrouille fut aussi-tôt chan-
gée en un beau carrosse tout doré

Ensuite elle alla regarder dans sa
fourriciere, où elle trouva six souris
toutes en vie Elle dit à Cendrillon
de lever un peu la trappe de la fou-
riciere, & a chaque souris qui sor-
toit elle lui donnoit un coup de la
baguette, & la souris étoit aussi-tôt
changé en un beau cheval, ce qui
fit un bel attelage de six chevaux,
d'un beau ris de souris pommelé.
Comme elle étoit en peine de quoi
elle feroit un cocher, je vais voir,
dit Cendrillon, s'il n'y a point quelque rat dans la ratiere ; nous en fe-
rons un cocher. Tu as raison, dit sa
marraine, vas voir. Cendrillon lui
apporta la ratiere, où il y avoit trois
gros rats La Fée en prit un d'entre
les trois, à cause de sa maîtresse barbe, & l'ayant touché, il fut changé
en un gros cocher. qui avoit une des
plus belles moustaches qu'on ait jamais vues.

Ensuite elle lui dit : Vas dans le

jardin, tu y trouveras fix lézards derriere l'arrofoir, apportes-les-moi :
elle ne les eût pas plutôt apportés,
que la marraine les changea en fix
laquais, qui monterent auffi-tôt derriere le carroffe avec leurs habits chamarrés, & qui s'y tenoient attachés
comme s'ils n'euffent fait autre chofe
toute leur vie La Fée dit alors à Cendrillon. Hé bien, voilà de quoi aller
au Bal, n'es-tu pas bien-aife ? Oui,
mais eft-ce que j'irai comme cela avec
mes vilains habits ? Sa marraine ne
fit que la toucher avec fa baguette, &
en même temps fes habits furent chan-
gés en des habits de drap d'or & d'argent, tout chamarrés de pierreries :
elle lui donna enfuite une paire de
pantoufles de verre, les plus jolies
du monde.

Quand elle fut ainfi parée, elle
monta en carroffe, mais fa marraine
lui recommanda fur toutes chofes,
de ne pas paffer minuit, l'avertiffant
que fi elle demeuroit au Bal un moment davantage, fon carroffe rede-
viendroit citrouille, fes chevaux des

souris, ses laquais des lézards, & que
ses vieux habits reprendroient leur
premiere forme.

Elle promit à sa marraine qu'elle
ne manqueroit pas de sortir du Bal
avant minuit Elle part, ne se sen-
tant pas de joie Le fils du Roi, qu'on
alla avertir qu'il venoit d'arriver une
grande Princesse qu'on ne connoif-
soit point, courut la recevoir, il lui
donna la main à la descente du carrosse, & la mena dans la salle où
étoit la compagnie. Il se fit alors un
grand silence, on cessa de danser,
& les violons ne jouerent plus, tant
on étoit attentif à contempler les
grandes beautés de cette inconnue ·
on n'entendoit qu'un bruit confus,
ha, qu'elle est belle ! Le roi même,
tout vieux qu'il étoit, ne laissoit pas
de la regarder, & de dire tout bas
à la Reine, qu'il y avoit long-tems
qu'il n'avoit vu une si belle & si aimable personne. Toutes les Dames étoient
attentives à considérer sa coeffure &
ses habits, pour en avoir dès le lende-

main de femblables, pourvu qu'il fe
trouvât des étoffes affez belles, & des
ouvriers affez habiles.

Le fils du Roi la mit à la place
la plus honorable, & enfuite la prit
pour la mener danfer : elle danfa
avec tant de grace, qu'on l'admira encore davantage. On apporta une fort
belle collation, dont le jeune Prince
ne mangea point, tant il étoit occu-
pé à la confidérer. Elle alla s'afleoir
auprès de fes fœurs, & leur fit mille
honnêtetés . elle leur fit part des oran-
ges & des citrons que le prince lui
avoit donnés ; ce qui les étonna fort,
car elles ne la connoiffoient point.
Lorfqu'elles caufoient ainfi, Cendrillon entendit fonner onze heures trois
quarts elle fit auffi tôt une grande
révérence à la compagnie, & s'en
alla le plus vîte qu'elle put.

Des qu'elle fut arrivé, elle alla
trouver fa marraine, après l'avoir
remerciée, elle lui dit qu'elle fouhaite-
roit bien aller encore le lendemain
au bal, parce que le fils du Roi l'en

avoit priée Comme elle étoit occupée à raconter à fa marraine tout ce
qui s'étoit paſſé au bal, les deux ſœurs
heurterent à la porte ; Cendrillon
leur alla ouvrir. Que vous étes long-
temps à revenir, leur dit-elle, en
bâillant, en ſe frottant les yeux, &
en s'étendant comme ſi elle n'eût tait
que de ſe réveiller ! elle n'avoit cependant pas eu envie de dormir depuis qu'elles s'étoient quittées Si tu
étois venue au bal, lui dit une de
ſes ſœurs, tu ne t'y ferois pas ennuyée. il y eſt veru la plus belle
Princeſſe, la plus belle qu'on puiſſe
jamais voir. elle nous a fait mille
civilités, elle nous a donné des oran-
ges & des citrons. Cendrillon ne ſe
ſentoit pas de joie. elle leur demanda
le nom de cette Princeſſe, mais elles
lui répondirent qu'on ne la connoiſſoit
pas, que le fils du Roi en étoit fort
en peine, & qu'il donneroit toutes
choſes au monde pour ſavoir qui elle
étoit. Cendrillon ſourit, & leur dit
Elle étoit donc bien belle ? Mon Dieu,

que vous êtes heureuse ! ne pourrois-
je point la voir ? Hélas ! Mademoiselle Javotte, prêtez moi votre habit jaune que vous mettez tous les
jours. Vraiment , dit Mademoiselle
Javotte, je suis de cet avis · prêtez votre
habit à un vilain Cucendron comme
cela · il faudroit que je fusse bien
folle Cendrillon s'attendoit bien à ce
refus, & elle en fut bien-aise , car
elle auroit été grandement embarras-
sée si la sœur eût bien voulu lui prê-
ter son habit

Le lendemain les deux sœur furent
au bal , & Cendrillon aussi , mais encore plus parée que la premiere fois.
Le fils du Roi fut toujours auprès
d'elle , & ne cessa de lui conter des
douceurs. La jeune Demoiselle ne s'ennuyoit point , & n'oublia ce que sa
marraine lui avoit recommandé , de
sorte qu'elle entendit sonner le premier
coup de minuit , lorsqu'elle ne croyoit pas qu'il fût encore onze heures :
elle se leva , & s'enfuit aussi légére-
ment qu'auroit fait une biche. Le Prince

la fuivit : mais il ne put l'attrapper ;
elle laiffa tomber une de fes pantoufles de verre, que le Prince ramaffa
bien foigneufement Cendrillon arriva chez elle bien effouflée, fans carroffe, fans laquais, & avec fes méchants habits, rien ne lui étant refté
de toute fa magnificence, qu'une de
fes petites pantoufles, la pareille de
celle qu'elle avoit laiffé tomber. On
demanda aux Gardes de la porte du
Palais, s'ils n'avoient point vu fortir une Princeffe ; ils dirent qu'ils n'a-
voient vu fortir perfonne, qu'une jeune
fille fort mal vêtue, & qui avoit plus
l'air d'une payfanne que d'une De-
moifelle.

Quand fes deux fœurs revinrent du
bal, Cendrillon leur demanda fi elles
s'étoient encore bien diverties, & fi
la belle Dame y avoit été elles lui
dirent que oui, mais qu'elle s'étoit
enfuie lorfque minuit avoit fonné, &
fi promptement, qu'elle avoit laiffé
tomber une des fes petites pantoufles
de verre, la plus jolie du monde ;

que le fils du Roi l'avoit ramaffée ,
& qu'il n'avoit fait que la regarder
pendant tout le refte du bal, & qu'affurément il étoit fort amoureux de
la belle perfonne à qui appartenoit
la petite pantoufle.

Elles dirent vrai , car peu de jours
après le fils du Roi fit publier à fon
de trompe , qu'il épouferoit celle dont
le pied feroit bien jufte à la pantoufle.
On commença à l'effayer aux Princeffes , enfuite aux Ducheffes , & à toute
la Cour, mais inutilement : on la porta
chez les deux fœurs , qui firent tout
leur poffible pour faire entrer leur pied
dans la pantoufle , mais elles ne purent en venir à bout. Cendrillon , qui
les regardoit, & qui reconnut fa pantoufle , dit en riant , que je voie fi
elle ne me feroit pas bonne · fes fœurs
fe mirent à rire & à fe moquer d'elle. Le
Gentilhomme , qui faifoit l'effai de la
pantoufle , ayant regardé attentive-
ment Cendrillon , & la trouvant fort
belle , dit que cela étoit fort jufte , &
qu'il avoit ordre de l'effayer à toutes les

filles : il fit afleoir Cendrillon, & approchant la pantoufle de fon petit pied,
il vit qu'elle y entroit fans peine, &
qu'elle y étoit jufte comme de cire.
L'étonnement des deux fœurs fut
grand, mais plus grand encore, quand
Cendrillon tira de fa poche l'autre petite pantoufle qu'elle mit à fon pied.
Là-deffus arriva la marraine, qui ayant
donné un coup de fa baguette fur les
habits de Cendrillon ; les fit devenir
encore plus magnifiques que tous les
autres.

Alors fes deux fœurs la reconnurent
pour la belle berfonne qu'elles avoient
vue au bal. Elles fe jetterent à fes
pieds pour lui demander pardon de
tous les mauvais traitemens qu'elles
lui avoient fait fouffrir Cendrillon les
releva, & leur dit en les embraffant,
qu'elle leur pardonnoit de bon cœur,
& qu'elle les prioit de l'aimer bien
toujours. On la mena chez le jeune
Prince, paree comme elle étoit : il
la trouva encore plus belle que jamais,
& peu de jours après il l'époufa. Cen-

drillon qui étoit auſſi bonne que belle,
fit loger ſes deux ſœurs au Palais, &
les maria dès le jour même à deux
grands Seigneurs de la Cour.

MORALITÉ.

La beauté pour le ſexe eſt un rare treſor,
De l'admirer jamais on ne ſe laſſe
Mais ce qu'on nomme bonne grace,
Eſt ſans prix, & vaut mieux encor
C'eſt ce qu'a Cendrillon fit avoir ſa marraine,
En la dreſſant, en l'inſtruiſant,
Tant & ſi bien qu'elle en fit une Reine,
Car ainſi ſur ce Conte on va moraliſant.
Belles, ce don vaut mieux que d'etre bien coef-
fees,
Pour engager un cœur, pour en venir a bout,
La bonne grace eſt le vrai don des Fees,
Sans elle on ne peut rien, avec elle on peut
tout

AUTRE MORALITÉ

C'eſt ſans doute un grand avantage,
D'avoir de l'eſprit du courage,
De la naiſſance du bon ſens,
Et d'autres ſemblables talens,
Qu'on reçoit du Ciel en partage.
Mais vous aurez beau les avoir

Pour votre avancement ce feront chofes vai-
    nes,
  Si vous n'avez, pour les faire valoir,
  Ou des parrains, ou des marraines

R I Q U E T
A L A H O U P E
C O N T E.

IL étoit une fois une Reine qui accoucha d'un fils, fi laid & fi mal
fait, qu'on douta long-tems s'il avoit
forme humaine Une Fée, qui fe
trouva à fa naiffance, affura qu'il ne
laifferoit pas d'être aimable, parce qu'il
auroit beaucoup d'efprit · elle ajouta
même qu'il pourroit, en vertu du don
qu'elle venoit de lui faire, donner
autant d'efprit qu'il en auroit, à la perfonne qu'il aimeroit le mieux. Tout
cela confola un peu la pauvre Reine,
qui étoit bien affligée d'avoir mis au
monde un fi vilain marmot. Il eft
vrai que cet enfant ne commença pas
                    plutôt

Pl 8　Riquet à la Houpe

plutôt à parler, qu'il dit mille jolies
choses, & qu'il avoit dans toutes ses
actions je ne sais quoi de si spirituel,
qu'on en etoit charmé. J'oubliois de
dire qu'il vint au monde avec une
petite houpe de cheveux sur la tête,
ce qui fit qu'on le nomma *Riquet à*
la houpe; car Riquet étoit le nom de la
famille

Au bout de sept ou huit ans, la
Reine d'un Royaume voisin accoucha de deux filles, la premiere qui
vint au monde, étoit plus belle que
le jour la Reine en fut si aise, qu'on
appréhenda que la trop grande joie
qu'elle en avoit, ne lui fît mal. La
même Fée qui avoit assisté à la naissance du petit Riquet à la houpe étoit
présente, & pour modérer la joie
de la Reine, elle lui déclara que cette
petite Princesse n'auroit point d'esprit, & qu'elle seroit aussi stupide
qu'elle étoit belle. Cela mortifia beaucoup la Reine ; mais elle fut quelques
momens après un bien plus grand chagrin ; car la seconde fille dont elle

D

accoucha, se trouva extrêmement laide. Ne vous affligez pas tant, Madame, lui dit la Fée, votre fille sera recompensée d'ailleurs; & elle aura tant d'esprit, qu'on ne s'appercevra presque pas qu'il lui manque de la beauté Dieu le veuille, répondit la Reine · mais n'y auroit-il point moyen de faire avoir un peu d'esprit à l'aînée qui est si belle ? Je ne puis rien pour elle, Madame, du côté de l'esprit lui dit la Fée ; mais je puis tout du côté de la beauté ; & comme il n'y a rien que je ne veuille faire pour votre satisfaction, je vais lui donner pour don, de pouvoir rendre beau ou belle la personne qui lui plaira

A mesure que ces deux Princesses devinrent grandes, leurs perfections crûrent aussi avec elles; & on ne parloit par-tout que de la beauté de l'aînée, & de l'esprit de la cadette. Il est vrai aussi que leurs défauts augmenterent beaucoup avec l'âge. La cadette enlaidissoit à vue d'œil, & l'aînée devenoit plus stupide de jour en jour ;

ou elle ne répondoit rien à ce qu'on lui demandoit, ou elle disoit une sottise. Elle étoit avec cela si mal-adroite, qu'elle n'eût pu ranger quatre porcelaines sur le bord d'une cheminée sans en casser une, ni boire un verre d'eau sans en répandre la moitié sur ses habits. Quoique la beauté soit un grand avantage dans une jeune personne, cependant la cadette l'emportoit presque toujours sur son aînée dans toutes les compagnies. D'abord on alloit du côté de la plus belle pour la voir & pour l'admirer · mais bientôt après on alloit à celle qui avoit le plus d'esprit, pour lui entendre dire mille choses agréables; & on étoit étonné, qu'en moins d'un quart-d'heure l'aînée n'avoit plus personne auprès d'elle, & que tout le monde s'étoit rangé autour de la cadette. L'aînée, quoique fort stupide, le remarqua bien; & elle eût donné, sans regret, toute sa beauté pour avoir la moitié de l'esprit de sa sœur. La Reine, toute sage qu'elle étoit, ne

D 2

put s'empêcher de lui reprocher plufieurs fois fa Lêtife, ce qui penfa faire
mourir de douleur cette pauvre Princeffe.

Un jour qu'elle s'étoit retirée dans
un bois pour y plaindre fon malheur,
elle vit venir à elle un petit homme
fort dé'agréable, mais vêtu très-magnifiquement C'étoit le jeune Prince
Riquet à la houpe, qui, étant deve-
vn amoureux d'elle fur les portraits,
qui couroient par tout le monde, avoit
quitté le Royaume de fon pere, pour
avoir le plaifir de la voir & de lui
parler Ravi de la rencontrer ainfi
toute feule, il l'aborde avec tout le
refpect & toute la politeffe imaginables. Ayant remarqué, après lui avoir
fait les compliments ordinaires, qu'elle
étoit fort mélancolique, il lui dit :
Je ne comprends point, Madame,
comment une perfonne auffi belle que
vous l'êtes, peut être auffi trifte que
vous le paroiffez ; car quoique je puiffe
me vanter d'avoir vu une infinité de
belles perfonnes, je puis dire que je

n'en ai jamais vu dont la beauté approche de la vôtre. Cela vous plaît à dire, Monsieur, lui répondit la Princesse, & en demeura là. La beauté, reprit Riquet à la houpe, est un si grand avantage, qu'il doit tenir lieu de tout le reste, & quand on le possede, je ne vois pas qu'il y ait rien qui puisse vous affliger beaucoup j'aimerois mieux, dit la Princesse, être aussi laide que vous, & avoir de l'esprit, que d'avoir de la beauté comme j'en ai, & être bête autant que je le suis. Il n'y a rien, Madame, qui marque davantage qu'on a de l'esprit, que de croire n'en pas avoir, & il est de la nature de ce bien-là, que plus on en a, plus on croit en manquer. Je ne fais pas cela, dit la Princesse : mais je sais bien que je suis fort bête, & c'est de là que vient le chagrin qui me tue

Si ce n'est que cela, Madame, qui vous afflige, je puis aisément mettre fin à votre douleur. Et comment ferezvous, dit la Princesse ? J'ai le pouvoir, Madame, dit Riquet à la houpe, de donner de l'esprit autant qu'on en sauroit avoir à la personne que je dois aimer le plus; & comme vous êtes, Madame, cette personne, il ne tiendra qu'à vous que vous n'ayez autant d'esprit qu'on en peut avoir, pouvu que vous vouliez bien m'épouser. La Princesse demeura toute interdite, & ne répondit rien Je vois, reprit Riquet à la houpe, que cette proposition vous fait de la peine, & je ne m'en étonne pas; mais je vous donne un an tout entier pour vous y résoudre   .

La Princesse avoit si peu d'esprit, & en même-temps une si grande envie d'en avoir, qu'elle s'imagina que la fin de cette année ne viendroit jamais, de sorte qu'elle accepta la proposition qui lui étoit faite. Elle n'eut pas plutôt promis à Riquet à la houpe qu'elle l'épouseroit dans un an à pareil jour, qu'elle se sentit toute autre qu'elle n'étoit auparavant : elle se trouva une facilité incroyable à dire

tout ce qui lui plaisoit, & à le dire
d'une manière fine, aifée & naturelle.
Elle commença dès ce moment une
converfation galante & foutenue avec
Riquet à la houpe, où elle babilla
d'une telle force, que Riquet à la houpe
crut lui avoir donné plus d'efprit qu'il
ne s'en étoit réfervé pour lui-même.

Quand elle fut retournée au Palais,
toute la Cour ne favoit que penfer
d'un changement fi fubit & fi extraordinaire, car autant qu'on lui avoit ouï
dire d'impertinences auparavant, autant lui entendoit-on dire des chofes
bien fenfées & infiniment fpirituelles.
Toute la Cour en eut une joie qui
ne fe peut imaginer ! il n'y eut que
la cadette qui n'en fut pas bien aife,
parce que n'ayant plus fur fon aînée
l'avantage de l'efprit, elle ne paroiffoit plus auprès d'elle qu'une guenon
fort défagréable. Le Roi fe condui-
foit par fes avis, & alloit même quelquefois tenir le Confeil dans fon appartement. Le bruit de ce changement s'étant répandu, tous les jeunes

Princes des Royaumes voisins firent
leurs efforts pour s'en faire aimer,
& presque tous la demanderent en
mariage. mais elle n'en trouvoit point
qui eût assez d'esprit, & elle les écoutoit tous sans s'engager à pas un
d'eux

Cependant il en vint un si puis-
sant, si riche, si spirituel, & si bien
fait, qu'elle ne put s'empêcher d'a-
voir de la bonne volonté pour lui.
Son pere s'en étant apperçu, lui dit
qu'il la faisoit la maîtresse sur le choix
d'un époux, & qu'elle n'avoit qu'à
se déclarer. Comme plus on a d'esprit
& plus on a de peine à prendre une
ferme résolution sur cette affaire, elle
demanda, après avoir remercié son
pere, qu'il lui donnât du temps pour
y penser

Elle alla par hazard se promener
dans le même bois où elle avoit trouvé
Riquet à la houpe, pour rêver plus
commodement à ce qu'elle avoit à
faire Dans le temps qu'elle se pro-
menoit, rêvant profondément, elle

entendit un bruit sourd sous les pieds,
comme de plusieurs personnes qui
vont & viennent, & qui agissent.
Avant prêté l'oreille plus attentive-
ment, elle entendit que l'un disoit :
Apporte-moi cette marmitte. l'autre,
donne-moi cette chaudiere, l'autre,
mets du bois dans ce feu. La terre
s'ouvrit dans le même temps, & elle
vit sous ses pieds comme une grande
cuisine pleine de Cuisiniers, de Marmitons, & de toutes sortes d'Officiers
nécessaires pour faire un festin magnifique Il en sortit une bande de
vingt ou trente Rôtisseurs, qui allerent se camper dans une allée du bois
autour d'une table fort longue, &
qui tous la lardoire à la main, &
la queue de renard sur l'oreille, se
mirent à travailler en cadence, au
son d'une chanson harmonieuse.

La Princesse étonnée de ce spec-
tacle, leur demanda pour qui ils tra-
vailloient. C'est, Madame, lui répondit le plus apparent de la bande,
pour le prince Riquet à la houpe,

D 5

dont les noces ſe feront demain. La
Princeſſe encore plus ſurpriſe qu'elle
ne l'avoit été, & ſe reſſouvenant
tout-à-coup qu'il y avoit un an qu'à
pareil jour elle avoit promis d'épouſer le Prince Riquet à la houpe, elle
penſa tomber de ſon haut.

Ce qui faiſoit qu'elle ne s'en ſouvenoit pas, c'eſt que quand elle fit
cette promeſſe, elle étoit une bête,
& qu'en prenant le nouvel eſprit que
le Prince lui avoit donné, elle avoit
oublié toutes ſes ſottiſes. Elle n'eut
pas fait trente pas en continuant la
promenade, que Riquet à la houpe
ſe préſenta à elle, brave, magnifique, & comme un Prince qui va ſe
marier.

Vous me voyez, dit-il, Madame,
exact à tenir ma parole, & je ne
doute point que vous ne veniez ici
pour exécuter la vôtre, & me rendre,
en me donnant la main, le plus heureux de tous les hommes. Je vous
avouerai franchement, répondit la
Princeſſe, que je n'ai pas encore pris

ma réfolution là-deffus, & que je
ne crois pas pouvoir jamais la prendre telle que vous la fonhaitez Vous
m'étonnez, Madame, lui dit Riquet
à la houpe Je le crois, dit la Princeffe, & affurément fi j'avois à faire
à un brutal, à un homme fans efprit,
je me trouverois bien embarraffee.
Une Princeffe n'a que fa parole, me
diroit-il, & il faut que vous m'épou-
fiez, puifque vous me l'avez promis:
mais comme celui à qui je parle eft
l'homme du monde qui a le plus d'efprit, je fuis fûre qu'il entendra raifon. Vous favez que quand je n'é-
tois qu'une bête, je ne pouvois néanmoins me réfoudre à vous époufer:
comment voulez-vous, qu'ayant l'efprit que vous m'avez donné, qui me
rend encore plus difficile en gens que
je n'étois, je prenne aujourd'hui une
réfolution que je n'ai pu prendre dans
ce temps-là? Si vous penfiez tout
de bon à m'époufer, vous avez eu
grand tort de m'ôter ma bêtife, &

D 6

de me faire voir plus clair que je
ne voyois.

Si un homme sans esprit, répondit Riquet a la houpe, seroit bien
reçu, comme vous venez de le dire,
à vous reprocher votre manque de
parole, pourquoi voulez-vous, Madame, que je n'en use pas de même
dans une chose où il y va de tout
le bonheur de ma vie ? Est-il raison-
nable que les personnes qui ont de
l'esprit, soient d'une pire condition
que ceux qui n'en ont pas ? le pou-
vez-vous prétendre, vous qui en avez
tant, & qui avez tant souhaité d'en
avoir ? Mais venons au fait, s'il vous
plaît. A la réserve de ma laideur,
y a-t-il quelque chose en moi qui
vous déplaise ? êtes-vous mal-contente
de ma naissance, de mon esprit, de
mon humeur & de mes manieres ?
Nullement, répondit la Princesse ;
j'aime en vous tout ce que vous venez de me dire. Si cela est ainsi, reprit Riquet à la houpe, je vais être
heureux, puisque vous pouvez me

rendre le plus aimable de tous les hommes

Comment cela se peut-il faire, lui dit la Princesse - Cela se fera, répondit Riquet à la houpe, si vous m'aimez assez pour souhaiter que cela soit, & afin, Madame, que vous n'en doutiez pas, sachez que la même Fée, qui, au jour de ma naissance, me fit le don de pouvoir rendre spirituelle la personne qu'il me plairoit, vous a aussi fait le don de pouvoir rendre beau celui que vous aimerez, & à qui vous voudrez bien faire cette faveur. Si la chose est ainsi, dit la Princesse, je souhaite de tout mon cœur que vous deveniez le Prince du monde le plus aimable, & je vous en fais le don autant qu'il est en moi.

La Princesse n'eut pas plutôt prononcé ces paroles, que Riquet à la houpe parut à ses yeux l'homme du monde le plus beau, le mieux fait, & le plus aimable qu'elle eût jamais vu. Quelques-uns assurerent que ce

ne furent point les charmes de la
Fée qui opérerent, mais que l'amour
seul fit cette métamorphose. Ils disent que la Princesse ayant fait réflexion sur la persévérance de son
amant, sur sa discrétion, & sur toutes les bonnes qualités de son ame
& de son esprit, ne vit plus la dif-
formité de son corps ni la laideur de
son visage, que sa bosse ne lui sem-
bla plus que le bon air d'un homme
qui fait le gros dos ; & qu'au lieu
que jusqu'alors elle l'avoit vu boiter
effroyablement, elle ne lui trouva
plus qu'un certain air penché qui la
charmait. Ils disent encore que ses
yeux, qui étoient louches, ne lui
en parurent que plus brillants, que
leur déréglement passa dans son esprit pour la marque d'un violent excès d'amour ; & qu'enfin son gros
nez rouge eut pour elle quelque chose
de martial & d'héroïque

Quoi qu'il en soit, la Princesse
lui promit sur le champ de l'épouser,
pourvu qu'il en obtint le consente-

ment du Roi fon pere. Le Roi ayant
lu que fa fille avoit beaucoup d'eftime
pour Riquet à la houpe, qu'il con-
noiffoit d'ailleurs pour un Prince très-
fpirituel & très-fage, le reçut avec
plaifir pour fon gendre. Dès le lendemain les noces furent faites, ainfi
que Riquet à la Houpe l'avoit prévu,
& felon les ordres qu'il en avoit donnés longtemps auparavant.

MORALITÉ

Ce que l'on voit dans cet écrit,
Eft moins un conte en l'air que la verité même ·
Tout eft beau dans ce que l'on aime,
Tout ce qu'on aime a de l'efprit.

AUTRE MORALITÉ.

Dans un objet où la nature
Aura mis de beaux traits & la vive peinture,
D'un teint où jamais l'art ne fauroit arriver,
Tous ces dons pourront moins, pour rendre
un cœur fenfible,
Qu'un feul agrément invifible,
Que l'amour y fera trouver.

LE PETIT

POUCET.

CONTE

IL étoit une fois un Bucheron &
une Bucheronne, qui avoient sept
enfant tous garçons L'aîné n'avoit que
diz ans, & le plus jeune n'en avoit
que sept On s'étonnera que le Bucheron ait eu tant d'enfans en si peu
de temps; mais c'est que sa femme alloit vite en besogne, & n'en failoit
pas moins que deux à la fois Ils étoient
fort pauvres, & leurs sept enfans
les incommodoient beaucoup, parce
qu'aucun d'eux ne pouvoit encore gagner sa vie Ce qui les chagrina encore, c'est que le plus jeune étoit fort déli-
cat, & ne difoit mot, prenant pour
bêtise ce qui étoit une marque de la
bonté de son esprit. Il étoit fort petit,
& quand il vint au monde il n'étoit

guère plus gros que le pouce, ce qui fit qu'on l'appella le *petit Poucet*.

Ce pauvre enfant étoit le souffre-douleur de la maison, & on lui donnoit toujours le tort. Cependant il étoit le plus fin & le plus avisé de tous ses freres, & s'il parloit peu, il écoutoit beaucoup.

Il vint une annee tres-fâcheuse, & la famine fut si grande, que ces pauvres gens résolurent de se défaire de leurs enfans Un soir que ces enfans étoient couchés, & que le Bucheron étoit après du feu avec sa femme, il lui dit, le cœur serré de douleur. Tu vois bien que nous ne pouvons plus nourrir nos enfans. je ne saurois les voir mourir de faim devant mes yeux, & je suis résolu de les mener perdre demain au bois, ce qui sera bien aisé ; car tandis qu'ils s'amuseront à fagotter, nous n'avons qu'à nous enfuir sans qu'ils nous voient. Ah ! s'écria la Bucheronne, pourrois-tu bien toi-même mener perdre tes enfans ? Son mari avoit beau lui représenter leur grande

pauvreté, elle ne pouvoit y confen-
tir : elle étoit pauvre, mais elle étoit
leur mere. Cependant, avant confi-
deré quelle douleur ce lui feroit de
les voir mourir de faim, elle y con-
fentit, & alla fe coucher en pleurant.

Le petit Poucet ouït tout ce qu'ils
dirent ; car ayant entendu de-dedans
fon lit qu'ils parloient d'affaires, il
s'étoit levé doucement, & s'étoit
gliffé fous l'efcabelle de fon pére
pour les écouter fans être vu. Il alla
fe recoucher, & ne dormit point du
refte de la nuit, fongeant à ce qu'il
avoit à faire. Il fe leva de bon matin, & alla au bord d'un ruiffeau,
où il emplit fes poches de petits
cailloux blancs, & enfuite revint à
la maifon. On partit, & le petit
Poucet ne découvrit rien de tout ce
qu'il favoit à fes freres. Ils allerent
dans une Forêt fort épaiffe, où, à
dix pas de diftance, on ne fe voyoit
pas l'un l'autre. Le Bucheron fe mit à
couper du bois, & fes enfants à ramaffer des broutilles pour faire des

fagots. Le pere & la mere les voyant occupés à travailler, s'éloignerent d'eux infenfiblement, & puis s'enfuirent tout-à-coup par un petit fentier détourné.

Lorfque ces enfants fe virent feuls, ils fe mirent à crier & à pleurer de toute leur force. Le petit Poucet les laiffoit crier, fachant bien par où il reviendroit à la maifon; car en marchant, il avoit laiffé tomber le long du chemin les petits cailloux blancs qu'il avoit dans fes poches. Il leur dit donc, ne craignez point, mes freres, mon pere & ma mere nous ont laiffés ici, mais je vous ramenerai bien au logis, fuivez moi feulement · ils le fuivirent, & il les mena jufqu'à leur maifon par le même chemin qu'ils éroient venus dans la Forêt. Ils n'oférent d'abord entrer ; mais ils fe mirent tous contre la porte, pour écouter ce que difoient leur pere & leur mere.

Dans le moment que le Bucheron & la Bucheronne arriverent chez eux,

le Seigneur du Village leur envoya
dix écus, qu'il leur devoit, il y avoit
long-temps, & dont ils n'espéroient
plus rien. Cela leur redonna la vie,
car les pauvres gens mouroient de
faim Le Bucheron envoya fur l'heure
fa femme à la Boucherie Comme il y
avoit long-temps qu'ils n'avoient mangé, elle acheta trois fois plus de viande
qu'il n'en falloit pour le foupe de deux
perfonnes Lorfqu'ils furent raffafiés,
la Bucheronne dit. helas ! où font
maintenant nos pauvres enfans ? ils
feroient bonne chere de ce qui nous
refte la, mais auffi, Guillaume, c'eft
toi qui les as voulu perdre, j'avois
bien dit que nous nous en repentirions
que font-ils maintenant dans cette
Forêt ? Hélas ! mon Dieu, les loups
les ont peut-être déjà mangés ; tu es
bien inhumain d'avoir perdu ainfi tes
enfants.

Le Bucheron s'impatienta à la fin,
car elle redit plus de vingt fois qu'ils
s'en repentiroient, & qu'elle l'avoit
bien dit Il la menaça de la battre,

fi elle ne fe taifoit Ce n'eft pas que
le Bucheron ne fût peut-être encore
plus fâché que fa femme , mais c'eft
qu'elle lui rompoit la tête , & qu'il
etoit de l'humeur de beaucoup d'autres
gens , qui aiment fort les femmes qui
difent bien, mais qui trouvent très-
importunes celles qui ont toujours bien
dit. La Bucheronne étoit toute en
pleurs Hélas ! où font maintenant
mes enfants , mes pauvres enfans !

Elle le dit une fois fi haut, que
les enfarts, qui étoient à la porte,
l'ayant entendue , fe mirent à crier
tous enfemble : Nous voilà , nous
voilà. Elle courut vîte leur ouvrir la
porte, & leur dit en les embraffant:
Que je fuis aife de vous revoir ,mes
chers enfans · vous êtes bien las , &
vous avez bien faim! Et toi, Pierrot, comme te voilà crotté . viens,
que je te débarbouille. Ce Pierrot étoit
fon fils aîné, qu'elle aimoit plus que
tous les autres, parce qu'il étoit un
peu rouffeau, & qu'elle étoit un
peu rouffe. Ils fe mirent à table , &

mangerent d'un appétit qui faifoit plaifir au pere & à la mere, à qui ils racontoient la peur qu'ils avoient eue dans la Forêt, en parlant prefque toujours tous enfemble. Ces bonnes gens étoient ravis de revoir leur enfants avec eux, & cette joie dura tant que les dix écus durerent; mais lorfque l'argent fut dépenfé, ils retomberent dans leur premier chagrin, & réfolurent de les perdre encore; & pour ne pas manquer le coup, de les mener bien plus loin que la premiere fois. Ils ne purent parler de cela fi fecrétement, qu'ils ne fuffent entendus par le petit Poucet, qui fit fon compte de fortir d'affaire comme il avoit déja fait; mais quoiqu'il fe fût levé de bon matin pour aller ramaffer de petits cailloux, il ne put en venir à bout; car il trouva la porte de la maifon fermée à double tour. Il ne favoit que faire, lorfque la Bucheronne leur ayant donné à chacun un morceau de pain pour leur déjeûné, il fongea qu'il pourroit fe fervir

de fon pain au-lieu de cailloux , en
le jettant par miettes le long des che-
mins où ils pafferoient · il le ferra
donc dans fa poche.

Le pere & la mere les menerent
dans l'endroit de la Forêt le plus
épais & le plus obfcur , & dès qu'ils
ı furent , ils gagnerent un faux
fuyant , & les laifferent là. Le petit
Poucet ne s'en chagrina pas beaucoup , parce qu'il croyoit retrouver
aifément fon chemin , par le moyen
de fon pain qu'il avoit femé par-tout
où il avoit paffé , mais il fut bien furpris , lorfqu'il ne put en retrouver
une feule miette . les oifeaux étoient
venus , qui avoient tout mangé. Les
voilà donc bien affligés , car plus ils
s'égaroient , & plus ils s'enfonçoient
dans la Forêt.

La nuit vint , & il s'éleva un grand
vent qui leur faifoit des peurs épou-
vantables. Ils croyoient n'entendre de
tous côtés que des hurlements de loups
qui venoient à eux pour les manger.
Ils n'ofoient prefque fe parler , ni
tourner la tête. Il furvint une groffe

pluie qui les perça jufqu'aux os, ils gliſſoient à chaque pas, tomboient dans la boue, d'où ils ſe relevoient tout crotté, ne ſachant que faire de leurs mains. Le petit Poucet grimpa au haut d'un arbre pour voir s'il ne découvriroit rien · ayant tourné la tête de tous côtés, il vit une petite lueur comme d'une chandelle, mais qui étoit bien loin par delà la Forêt. Il deſcendit de l'arbre ; & lorſqu'il fut à terre il ne vit plus rien · cela le déſola. Cependant, ayant marché quelque temps avec ſes freres du côté qu'il avoit vu la lumiere, il la revit en ſortant du Bois.

Ils arriverent enfin à la maiſon où étoit cette chandelle, non ſans bien des frayeurs, car ſouvent ils la per- doient de vue, ce qui leur arrivoit toutes les fois qu'ils deſcendoient dans quelques fonds. Ils heurterent à la porte, & une bonne femme vint leur ouvrir. Elle leur demanda ce qu'ils vouloient ; le petit Poucet lui dit, qu'ils étoient de pauvres enfants qui

s'étoient

s'étoient perdus dans la Forêt, & qui demandoient à coucher par charité. Cette femme les voyant tous si jolis, se mit à pleurer, & leur dit · Hélas! mes pauvres enfants, où êtes-vous venus ? Savez-vous bien que c'est ici la maison d'un Ogre qui mange les petits enfants ? Hélas! Madame, lui répondit le petit Poucet, qui trembloit de toute sa force, aussi-bien que ses freres, que ferons-nous ? il est bien sûr que les loups de la Forêt ne manqueront pas de nous manger cette nuit, si vous ne voulez pas nous retirer chez vous, & cela étant, nous aimons mieux que ce soit Monsieur qui nous mange : peut-être qu'il aura pitié de nous, si vous voulez bien l'en prier. La femme de l'Ogre, qui crut qu'elle pourroit les cacher à son mari jusqu'au lendemain matin, les laissa entrer, & les mena se chauffer auprès d'un bon feu; car il y avoit un mouton tout entier à la broche pour le soupé de l'Ogre.

Comme ils commençoient à se

E

chauffer, ils entendirent heurter trois
ou quatre grands coups à la porte,
c'étoit l'Ogre qui revenoit. Auffi-tòt
fa femme les fit cacher fous le lit, &
alla ouvrir la porte. L'Ogre demanda
d'abord fi le foupé étoit prêt, & fi
on avoit tiré du vin, & auffi-tòt le
mit à table. Le mouton étoit encore
tout fanglant ; mais il ne lui en fem
bla que meilleur. Il flairoit à droite
& à gauche, difant qu'il fentoit la
chair fraîche. Il faut, lui dit fa femme,
que ce foit ce veau que je viens d'habiller que vous fentiez. Je fens la chair
fraîche, te dis-je encore une fois, reprit l'Ogre, en regardant fa femme
de travers, & il y a ici quelque chofe
que je n'entends pas.

En difant ces mots, il fe leva de
table, & alla droit au lit. Ah, dit-
il, voilà donc comme tu veux me tromper, maudite femme ! je ne fais à quoi
il tient que je ne te mange auffi · bien
t'en prend d'être une vieille bête. Voilà
du gibier, qui me vient bien à propos
pour traiter trois Ogres de mes amis,

qui doivent me venir voir ces jours-
ici. Il les tira de deſſous le lit l'un
après l'autre.

Ces pauvres enfants ſe mirent à
genoux en lui demandant pardon ,
mais ils avoient affaire au plus cruel
de tous les Ogres, qui, bien loin
d'avoir de la pitié, les dévoroit déjà
des yeux , & diſoit à ſa femme,
que ce ſeroient là de friands morceaux lorſqu'elle leur auroit fait une
bonne ſauſſe. Il alla prendre un grand
couteau, & en approchant de ces
pauvres enfants, il l'aiguiſoit ſur une
longue pierre, qu'il tenoit à ſa main
gauche. Il en avoit déja empoigné
un, lorſque ſa femme lui dit : Que
voulez-vous faire à l'heure qu'il eſt ?
n'aurez-vous pas aſſez de temps demain ? Tais-toi, reprit l'Ogre, ils
en ſeront plus mortifiés. Mais vous avez
encore tant de viande, reprit ſa femme voilà un veau, deux moutons,
& la moitié d'un cochon. Tu as
raiſon, dit l'Ogre : donne-leur bien

à fouper, afin qu'ils ne maigriffent pas, & va les mener coucher

La bonne femme fut ravie de joie, & leur porta bien à fouper, mais ils ne purent manger, tant ils étoient faifis de peur. Pour l'Ogre, il fe remit à boire, ravi d'avoir de quoi fi bien régaler fes amis. Il but une douzaine de coups plus qu'à l'ordinaire, ce qui lui donna un peu dans la tête, & l'obligea de s'aller coucher.

L'Ogre avoit fept filles, qui n'étoient encore que des enfants. Ces petites Ogreffes avoient toutes le teint fort beau, parce qu'elles mangeoient de la chair fraîche comme leur pere; mais elles avoient de petits yeux gris & tout ronds, le nez crochu, & une fort grande bouche, avec de longues dents fort aigues & fort éloignées l'une de l'autre. Elles n'étoient pas encore fort méchantes, mais elles promettoient beaucoup, car elles mordoient déja les petits enfants pour en fucer le fang. On les avoit fait coucher de bonne heure, & elles étoient toutes

fept dans un grand lit, ayant chacune
une couronne d'or fur la tête. Il y
avoit dans la même chambre un autre lit de la même grandeur, ce fut
dans ce lit que la femme de l'Ogre
mit coucher les fept petits garçons,
après quoi elle s'alla coucher auprès
de fon mari.

Le petit Poucet qui avoit remarqué que les filles de l'Ogre avoient
des couronnes d'or fur la tête, &
qui craignoit qu'il ne prît à l'Ogre
quelque remords de ne les avoir pas
égorgés dès le foir même, fe leva
vers le milieu de la nuit, & prenant
les bonnets de fes freres & le fien,
il alla tout doucement les mettre fur
la tête des fept filles de l'Ogre, après
leur avoir ôté leurs couronnes d'or,
qu'il mit fur la rête de fes freres &
de la fienne, afin que l'Ogre les prît
pour fes filles, & fes filles pour les
garçons qu'il vouloit égorger. La chofe
réuffit comme il l'avoit penfé ; car
l'Ogre s'étant éveillé fur le minuit,
eut regret d'avoir différé au lende-

main ce qu'il pouvoit exécuter la
veille. Il se jetta donc brusquement
hors du lit, & prenant son grand couteau, allons voir, dit-il, comment
se portent nos petits drôles, n'en fai-
sons pas à deux fois il monta donc
à tâtons à la chambre de ses filles,
& s'approcha du lit où étoient les
petits garçons, qui dormoient tous,
excepté le petit Poucet, qui eut bien
peur lorsqu'il sentit la main de l'O-
gre qui lui tâtoit la tête, comme il
avoit tâté celle de tous ses freres L'O-
gre qui sentit les couronnes d'or · Vraiment, dit-il, j'allois faire là un bel
ouvrage ; je vois bien que je bus trop
hier au soir Il alla ensuite au lit de
ses filles, où ayant senti les petits
bonnets des garçons · Ah ! les voilà,
dit-il, nos gaillards, travaillons hardiment : en disant ces mots, il coupa
sans balancer la gorge à ses sept filles.

Fort content de cette expédition,
il alla se recoucher auprès de sa femme Aussi-tôt que le petit Poucet entendit ronfler l'Ogre, il réveilla ses
freres, & leur dit de s'habiller promp_

tement & de le fuivre Ils defcen-
dirent doucement dans le jardin, &
fauterent pardeffus les murailles. Ils
coururent prefque toute la nuit, toujours en tremblant, & fans favoir où
ils alloient

L'Ogre s'étant éveillé, dit à fa
femme, vas-t-en là-haut habiller ces
petits drôles de hier au foir. L'O-
greffe fut fort étonnée de la bonté de
fon mari, ne fe doutant point de la
maniere qu'il entendoit qu'elle les ha-
billât; & croyant qu'il lui ordonnoit
de les aller vêtir, elle monta en haut,
où elle fut bien furprife lorfqu'elle
apperçut fes fept filles égorgées &
nageant dans leur fang. Elle commença par s'évanouir, (car c'eft le
premier expédient que trouvent prefque toutes les femmes en pareilles
rencontres) L'Ogre craignant que fa
femme ne fût trop long-temps à faire
la befogne dont il l'avoit chargée,
monta en haut pour lui aider. Il ne
fut pas moins étonné que fa femme,
lorfqu'il vit cet affreux fpectacle.

Ah ! qu'ai-je fait là , s'écria-t-il ?
ils me le payeront les malheureux ,
& tout-à-l'heure. Il jetta auſſi-tôt une
pottée d'eau dans le nez de ſa femme , & l'ayant fait revenir   Donne-
moi vîte mes bottes de ſept lieues , lui
dit-il , afin que j'aille les attraper. Il ſe
mit en campagne ; & après avoir
couru de tous côtés , il entra enfin
dans le chemin où marchoient ces pauvres enfants , qui n'étoient plus qu'a
cent pas du logis de leur pere. Ils virent
l'Ogre qui alloit de montagne en montagne , & qui traverſoit des rivieres
auſſi aiſement qu'il auroit fait le moindre ruiſſeau. Le petit Poucet qui vit
un rocher creux proche le lieu où
ils étoient , y fit cacher ſes ſix freres &
s'y fourra auſſi , regardant toujours ce
que l'Ogre deviendroit.

L'Ogre qui ſe trouvoit fort las du
long chemin qu'il avoit fait inutilement , (car les bottes de ſept lieues
fatiguent fort leur homme ,) voulut
ſe repoſer , & par hazard il alla s'aſ-
ſeoir ſur la roche où les petits gar-

çons s'étoient cachés. Comme il n'en
pouvoit plus de fatigue, il s'endor-
mit après s'être repofé quelque temps,
& vint à ronfler fi effroyablement,
que les pauvres enfants n'en eurent
pas moins de peur que quand il tenoit fon grand couteau pour leur couper la gorge. Le petit Poucet en eut
moins de peur, & dit à fes freres de
s'enfuir promptement à la maifon pendant que l'Ogre dormoit bien fort, &
qu'ils ne le miffent point en peine
de lui. Ils crurent fon confeil, & gagnerent vîte la maifon Le petit Poucet s'étant approché de l'Ogre, lui
tira doucement fes bottes, & les mit
auffi-tôt les bottes étoient fort grandes & fort larges, mais comme elles étoient Fées, elles avoient le don
de s'agrandir & de s'appetiffer felon
la jambe de celui qui les chauffoit,
de forte qu'elles fe trouverent auffi
juftes à fes pieds & à fes jambes,
que fi elles avoient été faites pour
lui. Il alla droit à la maifon de l'O-

gre où il trouva fa femme qui pleuroit auprès de fes filles égorgées

Votre mari, lui dit le petit Poucet, eft en grand danger ; car il a
été pris par une troupe de voleurs,
qui ont juré de le tuer, s'il ne leur
donne tout fon or & tout fon argent.
Dans le moment qu'ils lui tenoient
le poignard fur la gorge, il m'a apperçu, & m'a prié de vous venir
avertir de l'etat où il eft, & de vous
dire de me donner tout ce qu'il a
vaillant fans en rien retenir, parce
qu'autrement ils le tueront fans mife-
ricorde. Comme la chofe preffe beaucoup, il a voulu que je priffe fes
bottes de fept lieues, que voilà, pour
faire diligence, & auffi afin que vous
ne croyiez pas que je fois un affron-
teur.

La bonne femme, fort effrayée,
lui donna auffi-tôt tout ce qu'elle avoit,
car cet Ogre ne laiffoit pas d'être fort
bon mari, quoiqu'il mangeât les petits
enfants Le petit Poucet étant donc
chargé de toutes les richeffes de l'O-

gre, s'en revint au logis de son pere, où il fut reçu avec bien de la joie.

Il y a bien des gens qui ne demeurent pas d'accord de cette derniere circonstance, & qui prétendent que le petit Poucet n'a jamais fait ce vol à l'Ogre, qu'à la vérité il n'avoit pas fait conscience de lui prendre ses bottes de sept lieues, parce qu'il ne s'en servoit que pour courir après les petits enfants. Ces gens-là assurent le savoir de bonne part, & même pour avoir bu & mangé dans la maison du Bucheron. Ils assurent que lorsque le petit Poucet eut chaussé les bottes de l'Ogre, il s'en alla à la Cour, où il savoit qu'on étoit fort en peine d'une armée, qui étoit à deux cents lieues de là, & du succès d'une bataille qu'on avoit donnée. Il alla, disent-ils, trouver le Roi, & lui dit que s'il le souhaitoit, il lui rapporteroit des nouvelles de l'Armée avant la fin du jour Le Roi lui promit une grosse somme d'argent s'il en venoit à bout. Le petit Poucet rapporta de nouvelles dès le soir mê-

E 6

me; & cette premiere courſe l'ayant
fait connoître , il gagnoit tout ce qu'il
vouloit , car le Roi le payoit parfaitement bien pour porter ſes ordres à
l'Armée , & une infinité de Dames
lui donnoient tout ce qu'il vouloit pour
avoir des nouvelles de leurs amants ;
& ce fut là ſon plus grand gain. Il ſe
trouvoit quelques femmes qui le char-
geoient de Lettres pour leurs maris ,
mais elles les payoient ſi mal , & cela
alloit à ſi peu de choſe, qu'il ne dai-
gnoit pas mettre en ligne de compte
ce qu'il gagnoit de ce côté-là. Après
avoir fait pendant quelque temps le
métier de courir , & y avoir amaſſe
beaucoup de bien , il revint chez ſon
pere , où il n'eſt pas poſſible d'imaginer la joie qu'on eut de le revoir.
Il mit toute ſa famille à ſon aiſe. Il
acheta des Offices de nouvelle créa-
tion pour ſon pere & pour ſes freres; & par-là il les établit tous , &
fit parfaitement bien ſa cour en même-
temps.

MORALITÉ.

On ne s'afflige point d'avoir beaucoup d'en-
 fans ,
Quand ils font tous bien beaux , & bien faits
 & bien grands ,
Et d'un extérieur qui brille ,
Mais fi l'un d'eux eft foible , on ne dit mot ,
On le méprife , on le raille , on le pillé;
Quelquefois , cependant , c'eft ce petit marmot
Qui fera le bonheur de toute la famille.

L'ADROITE PRINCESSE,

O U

LES AVENTURES

DE FINETTE.

A la Comteſſe de MURAT.

MADAME.

VOUS faites les plus jolies Nouvelles du monde en vers ; mais en
vers auſſi doux que naturels je voudrois bien, charmante Comteſſe, vous
en dire une à mon tour, cependant
je ne ſais ſi vous pourrez vous en divertir · je ſuis aujourd'hui de l'humeur du Bourgeois Gentilhomme, je
ne voudrois ni vers, ni proſe pour
vous la conter · point de grands mots,
point de brillants, point de rimes,
un tour naïf m'accommode mieux ; en
un mot, un récit ſans façon, & comme

on parle . je ne cherche que quelque moralité.

Mon Historiette en fournit affez, & par-là elle pourra vous être agréable. Elle roule fur deux Proverbes au-lieu d'un, c'eft la mode, vous les aimez : je m'accommode à l'ufage avec plaifir Vous y verrez comment nos aïeux favoient infinuer qu'on tombe dans mille défordres, quand on fe plait à ne rien faire, ou, pour parler comme eux, qu'*oifiveté eft la mere de tous vices* ; & vous aimerez, fans doute, leur maniere de perfuader. Le fecond Proverbe eft, qu'il faut être toujours fur fes gardes . vous voyez bien que je veux dire, que la *defiance eft la mere de fûreté*

Non, l'Amour ne triomphe guères,

Que des cœurs qui n'ont point d'affaires.

Vous qui craignez que d'un adroit vainqueur

Votre raifon ne devienne la dupe,

Beautés, fi vous voulez conferver votre cœur,

Il faut que votre efprit s'occupe.

Mais fi, malgré vos foins, votre fort eft d'aimer,

Gardez du moins de vous laiffer charmer ,

Sans connoitre
Celui que votre cœur se veut donner pour maitre,
    Craignez les blondins doucereux,
    Qui habitent dans les ruelles,
    Et ne sachant que dire aux Belles,
    Soupirent sans etre amoureux
  Defiez-vous des Conteurs de fleurettes ;
  Connoissez bien le fond de leurs esprits :
    Aupres de toutes les Iris
    Ils debitent mille fornettes.

Défiez-vous enfin de ces brusques Amants,
Qui se disent en feu des les premiers moments,
    Et jurent une vive flamme,
    Moquez-vous de ces vains sermens :
    Pour bien assujettir une ame,
    Il faut qu'il en coute du temps.
    Gardez qu un peu de complaisance
Ne desarme trop tôt votre austere fierte ;
    De votre juste défiance
Dépend votre repos & votre sureté

Mais je n'y songe pas, Madame ; j'ai fait des vers · au-lieu de m'en tenir au goût de Monsieur Jourdain, j'ai rimé sur le ton de Quinaut : je reprends le tour simple au plus vîte, de peur d'avoir part aux vieilles hai-

nes qu'on eut pour cet agréable Mo-
ralifeur, & de peur qu'on ne m'ac-
cufe de le piller & de le mettre en
pieces, comme tant d'Auteurs impi-
toyables font tous les jours.

NOUVELLE.

Du temps des premieres Croifa-
des, un Roi de je ne fais quel Royaume
de l'Europe, fe réfolut d'aller faire la
guerre aux infideles dans la Paleftine.
Avant que d'entreprendre un fi long
voyage, il mit un fi bon ordre aux
affaires de fon Royaume, & il en
confia la régence à un Miniftre fi habile, qu'il fut en repos de ce côté-là.

Ce qui inquiétoit le plus ce Prince,
c'étoit le foin de fa famille. Il avoit
perdu la Reine fon époufe depuis affez peu de temps : elle ne lui avoit
point laiffé de fils ; mais il fe voyoit
pere de trois jeunes Princeffes à marier. Ma Chronique ne m'a point ap-

pris leur véritable nom ; je ſais ſeulement, que comme en ces temps heureux la ſimplicité des Peuples donnoit ſans façon des ſurnoms aux perſonnes éminentes, ſuivant leurs bonnes qualités, ou leurs défauts, on avoit ſurnommé l'aînée de ces Princeſſes, *Nonchalante*, ce qui ſigiifhe Indolente en ſtyle moderne ; la ſeconde, *Babillarde*, & la troiſieme, *Finette* noms qui avoient tous un juſte rapport aux caracteres de ces trois ſœurs.

Jamais on n'a rien vu de ſi indolent qu'étoit Nonchalante Tous les jours elle n'étoit pas éveillée à une heure après-midi · on la traînoit à l'Egliſe telle qu'elle ſortoit de ſon lit, ſa coeffure en déſordre, ſa robe détachée, point de ceinture, & ſouvent une mule d'une façon & une de l'autre. On corrigeoit cette différence, durant la journée, mais on ne pouvoit réſoudre cette Princeſſe à être jamais autrement qu'en mules elle trouvoit une fatigue inſupporta-

ble à mettre des souliers. Quand
Nonchalante avoit dîné, elle se mettoit à sa toilette, où elle étoit jufqu'au soir elle employoit le reste
de son temps jusqu'à minuit, à jouer
& à souper, ensuite on étoit presque aussi long-tems à la déshabiller,
qu'on avoit été à l'habiller : elle ne
pouvoit jamais parvenir à aller se
coucher qu'au grand jour.

Babillarde menoit une autre sorte
de vie Cette Princesse étoit fort vive,
& n'employoit que peu de temps
pour sa personne ; mais elle avoit
une envie de parler si étrange, que
depuis qu'elle étoit éveillée jusqu'à
ce qu'elle fût endormie, la bouche
ne lui fermoit pas. Elle savoit l'histoire
des mauvais ménages, des liaisons tendres, des galanteries, nonseulement
de toute la Cour, mais des plus
petits Bourgeois Elle tenoit registre
de toutes les femmes qui exerçoient
certaines rapines dans leur domestique,
pour se donner une parure plus écla-
tante, & étoit informée précisément

de ce que gagnoit la Suivante de la
Comteſſe une telle, & le maître-
d'Hôtel du Marquis un tel. Pour être
inſtruite de toutes ces petites choſes,
elle écoutoit ſa Nourrice & ſa Coutu-
riere avec plus de plaiſir qu'elle n'auroit
fait un Ambaſſadeur, & enſuite elle
étourdiſſoit de ces belles hiſtoires,
depuis le Roi ſon pere juſqu'à ſes
valets-de-pied　car pourvu qu'elle
parlât, elle ne ſe ſoucioit pas a qui.
La démangeaiſon de parler produiſit
encore un autre mauvais effet chez
cette Princeſſe. Malgré ſon grand
rang, ſes airs trop familiers donnerent
la hardieſſe aux Blondins de la Cour
de lui débiter des douceurs. Elle
écouta leurs fleurettes ſans façon,
pour avoir le plaiſir de leur repon-
dre; car, à quelque prix que ce fût
il falloit que, du matin au ſoir, elle
écoutât ou caquetât. Babillarde, non
plus que Nonchalante, ne s'occupoit jamais, ni à penſer, ni à faire
aucune réflexion, ni à lire; elle
s'embarraſſoit auſſi peu d'aucun ſoin

domeftique , ni des amulements que
produit l'aiguille & le fuleau. Enfin ,
ces deux fœurs , dans une éternelle
oifiveté , ne faifoient jamais agir ni
leur efprit , ni leur main.

La fœur cadette de ces deux Princeffes étoit d'un caractere bien dif-
férent. Elle agiffoit inceffamment de
l'efprit & de fa perfonne : elle avoit
une vivacité furprenante , & elle
s'appliquoit à en faire un bon ufage.
Elle favoit parfaitement bien danfer ,
chanter , jouer des inftruments , réuf-
fiffoit avec une adreffe admirable à
tous les petits travaux de la main ,
qui amufent d'ordinaire les perfonnes de fon fexe , mettoit l'ordre &
la regle dans la Maifon du Roi , &
empêchoit , par fes foins , les pilleries
des petits Officiers . car dès ce
temps-là ils fe mêloient de voler les
Princes.

Ses talents ne fe bornoient pas
là : elle avoit beaucoup de jugement ,
& une préfence d'efprit fi merveil-
leufe , qu'elle trouvoit fur le champ

des moyens pour sortir de toutes sortes
d'affaires Cette jeune Princesse avoit
découvert, par sa pénétration, un pie-
ge dangereux, qu'un Ambassadeur de
mauvaise foi avoit tendu au Roi son
pere dans un Traité, que ce Prince
étoit tout prêt de signer. Pour punir
la perfidie de cet Ambassadeur & de
son maître, le Roi changea l'article
du Traité, & en le mettant dans les
termes que lui avoit inspirés sa fille,
il trompa à son tour le trompeur même.
La jeune Princesse découvrit encore
un tour de fourberie, qu'un Ministre
vouloit jouer au Roi, & par le conseil
qu'elle donna à son pere, il fit retomber l'infidelité de cet homme-là
sur lui-même. La Princesse donna en
plusieurs autres occasions des marques
de sa pénétration & de sa finesse d'esprit ; elle en donna tant, que le Peuple
lui donna le surnom de *Finette*.

Le Roi l'aimoit beaucoup plus que
ses autres filles ; & il faisoit un si grand
fonds sur son bon sens, que s'il n'a-
voit point eu d'autre enfant qu'elle, il

feroit parti ſans inquiétude : mais il
ſe défioit autant de la conduite de ſes
autres filles , qu'il ſe repoſoit ſur celle
de Finette Ainſi , pour être ſûr des
démarches de ſa famille , comme il
ſe croyoit ſûr de celles de ſes ſujets , il
prit les meſures que je vais dire

Vous , qui êtes ſi ſavant dans toutes
ſortes d'antiquités , je ne doute pas ,
Comteſſe charmante , que vous n'ayez
cent fois entendu parler du merveilleux pouvoir des Fées. Le Roi dont
je vous parle , étant ami intime d'une
de ces habiles femmes, alla trouver
cette amie · il lui repréſenta l'inquiétude
où il étoit touchant ſes filles. Ce n'eſt
pas , lui dit ce Prince , que les deux
aînées , dont je m'inquiete , aient jamais fait la moindre choſe contre leur
devoir ; mais elles ont ſi peu d'eſprit ,
elles ſont ſi imprudentes , & vivent
dans une ſi grande déſoccupation , que
je crains , que , pendant mon abſence, elles n'aillent s'embarraſſer dans
quelque folle intrigue , pour trouver
de quoi s'amuſer. Pour Finette, je ſuis

sûr de sa vertu ; cependant je la traite-
rai comme les autres , pour faire tout
égal　c'est pourquoi , sage Fée , je
vous prie de me faire trois quenouilles
de verre pour mes filles , qui soient
faites avec un tel art , que chaque
quenouille ne manque point de se casser , sitôt que celle à qui elle appartien-
dra , fera quelque chose contre sa
gloire.

Comme cette Fée étoit des plus
habilles , elle donna à ce Prince trois
quenouilles enchantées , & travaillées
avec tous les soins néceffaires pour le
deffein qu'il avoit : mais il ne fut
pas content de cette précaution. Il
mena les Princeffes dans une tour fort
haute, qui étoit bâtie dans un lieu
bien défert. Le Roi dit à ses filles,
qu'il leur ordonnoit de faire leur de-
meure dans cette tour pendant *tout*
le temps de son abfence & qu'il leur
défendoit d'y recevoir aucune perfonne
que ce fût. Il leur ôta tous leurs Officiers
de l'un & de l'autre fexe ; & après
leur avoir fait préfent des quenouilles

les enchantées, dont il leur expliqua
les qualités, il embraſſa les Princeſſes,
& ferma les portes de la tour, dont il
prit lui-même les clefs, puis il partit.

Vous allez peut-être croire, Madame, que ces Princeſſes étoient là
en danger de mourir de faim Point
du tout : on avoit eu ſoin d'attacher
une poulie à une des fenêtres de la
tour ; & on y avoit mis une corde,
à laquelle les Princeſſes attachoient
un corbillon, qu'elles deſcendoient
chaque jour Dans ce corbillon on
mettoit leurs proviſions pour la journée, & quand elles l'avoient remon-
té, elles retiroient avec ſoin la corde
dans la chambre.

Nonchalante & Babillarde me-
noient dans cette ſolitude une vie qui
les déſeſpéroit : elles s'ennuyoient à
un point qu'on ne ſauroit exprimer ;
mais il falloit prendre patience · car
on leur avoit fait la quenouille ſi terrible, qu'elles craignoient que la
moindre démarche un peu équivoque
ne la fît caſſer.

F

Pour Finette, elle ne s'ennuyoit point du tout · ſon fuſeau, ſon aiguille, & ſes inſtruments de muſique lui fourniſſoient des amuſements, &, outre cela, par l'ordre du Miniſtre qui gouvernoit l'Etat, on mettoit dans le corbillon des Princeſſes, des lettres, qui les informoient de tout ce qui ſe paſſoit au-dedans & au-dehors du Royaume. Le Roi l'avoit permis ainſi, & le Miniſtre, pour faire ſa cour aux Princeſſes, ne manquoit pas d'être exact ſur cet article Finette liſoit toutes ces nouvelles avec empreſſement, & s'en divertiſſoit. Pour ſes deux ſœurs, elles ne daignoient pas y prendre la moindre part elles diſoient qu'elles étoient trop chagrines, pour avoir la force de s'amuſer de ſi peu de choſes, il leur falloit au moins des cartes, pour ſe déſennuyer pendant l'abſence de leur pere.

Elles paſſoient donc ainſi triſtement leur vie en murmurant contre leur deſtin; & je crois qu'elles ne manquerent pas de dire, *qu'il vaut mieux*

*être né heureux, que d'être né fils de
Roi.* Elles étoient ſouvent aux fénê-
tres de leur tour, pour voir du moins
ce qui ſe paſſeroit dans la campagne.
Un jour, comme Finette etoit occupée dans ſa chambre à quelque joli
ouvrage, ſes ſœurs, qui étoient à la
fenêtre, virent au pied de leur tour
une pauvre femme, vêtue de haillons déchirés, qui leur crioit ſa mi-
ſere fort pathétiquement. Elle les
prioit à mains jointes de la laiſſer entrer dans leur Château, leur repré-
ſentant qu'elle étoit une malheureuſe
étrangere qui ſavoit mille ſortes de
choſes & qu'elle leur rendroit ſervice
avec la plus exacte fidélité. D'abord
les Princeſſes ſe ſouvinrent de l'ordre qu'avoit donné le Roi leur pere,
de ne laiſſer entrer perſonne dans la
tour : mais Nonchalante étoit ſi laſſe
de ſe ſervir elle-même, & Babillarde
ſi ennuyée de n'avoir que ſes ſœurs à
qui parler, que l'envie qu'eut l'une
d'être coeffée en détail, & l'empreſſement qu'eut l'autre d'avoir une per-

fonne de plus pour jaser, les enga-
gea à se résoudre de laisser entrer la
pauvre étrangere.

Penfez-vous, dit Babillarde à sa
sœur, que la défense du Roi s'etende
sur des gens comme cette malheu-
reuse ? Je crois que nous pouvons la
recevoir fans consequence Vous ferez
ce qu'il vous plaira, ma sœur, répondit Nonchalante. Babillarde, qui
n'attendoit que ce confentement, descendit auffi-tôt le corbillon · la pauvre femme se mit dedans, & les
Princeffes la monterent avec le fecours
de la poulie.

Quand cette femme fut devant
leurs yeux, l'horrible mal-propreté
de ses habits les dégouta elles voulurent lui en donner d'autres, mais
elle leur dit qu'elle en changeroit le
lendemain, & que pour l'heure qu'il
étoit, elle alloit fonger à les fervir.
Comme elle achevoit de parler, Finette revint de sa chambre Cette
Princeffe fut étrangement furprife de
voir cette inconnue avec ses sœurs :

elles lui dirent pour quelles raifons
elles l'avoient fait monter ; & Finette, qui vit que c'étoit une chofe
faite, diffimula le chagrin qu'elle eut
de cette imprudence.

Cependant la nouvelle Officiere
des Princeffes fit cent tours dans le
Château, fous prétexte de leur fer-
vice, mais en effet pour obferver la
difpofition du dedans car, Madame,
je ne fais fi vous ne vous en dou-
tez point déja, mais cette gueufe
prétendue étoit auffi dangereufe dans
le Château que le fut le Comte
Ory dans le Couvent, ou il entra dé-
guifé en Abbeffe fugitive.

Pour ne vous pas tenir davantage
en fufpens, je vous dirai que cette
créature, couverte de haillons, étoit
le fils ainé d'un Roi puiffant, voifin du pere des Princeffes. Ce jeune
Prince, qui étoit un des plus arti-
ficieux efprits de fon temps, gouvernoit entiérement le Roi fon pere ;
& il n'avoit pas befoin de beaucoup
de fineffe pour cela, car ce Roi étoit

d'un caractere fi doux & fi facile,
qu'on lui en avoit donné le furnom
de *Moult-benin*. Pour le jeune Prince,
comme il n'agiffoit que par artifices
& par detours, les Peuples l'avoient
furnomme *Riche-en-cautelle*; & pour
abreger, on difoit *Riche-cautelle*.

Il avoit un frere cadet, qui étoit
auffi rempli de belles qualités, que
fon aîné l'étoit de défauts cependant,
malgre la difference d'humeurs, on
voyoit entre ces deux freres une union
fi parfaite, que tout le monde en
étoit furpris. Outre les bonnes qualités
de l'ame qu'avoit le Prince cadet,
la beauté de fon vifage & la grace
defa perfonne étoient fi remarquables,
qu'elles l'avoient fait nommer *Bel-à-
voir* C'étoit le Prince Riche-cautelle
qui avoit infpiré à l'Ambaffadeur du
Roi fon pere ce trait de mauvaife
foi, que l'adreffe de Finette avoit
fait tomber fur eux. Riche - cautelle,
qui n'aimoit déja guères le Roi, pere
des Princeffes, avoit achevé par-là
de le prendre en averfion, ainfi,

quand il fut les précautions que ce
Prince avoit prifes à l'égard de fes
filles, il fe fit un pernicieux plaifir de
tromper la prudence d'un pere fi foup-
conneux. Riche-cautelle obtint permif-
fion du Roi fon pere d'aller faire un
voyage, fous des prétextes qu'il in-
venta ; & il prit des mefures qui le
firent parvenir à entrer dans la tour
des Princeffes comme vous avez vu.

En examinant le Château, ce Prince remarqua qu'il étoit facile aux
Princeffes de fe faire entendre des
paffants, & il en conclut qu'il devoit
refter dans fon déguifement pendant
tout le jour, parce qu'elles pourroient
bien, fi elles s'en avifoient, appel-
ler du monde & le faire punir de
fon entreprife téméraire. Il conferva
donc toute la journée les habits &
le perfonnage d'une gueufe de profef-
fion ; & le foir, lorfque les trois fœurs
eurent foupé, Riche-cautelle jetta les
haillons qui le couvroient, & laiffa
voir des habits de Cavalier tout couverts d'or & de pierreries Les pau-

vres Princesses furent si épouvantées
de cette vue , que toutes se mirent
à fuir avec précipitation. Finette &
Babi'larde , qui étoient agiles , eurent
bien-tôt gagné leur chambre . mais
Nonchalante , qui avoit à peine l'u-
sage de marcher, fut en un instant
atteinte par le Prince.

Aussi-tôt il 'e jetta à ses pieds , lui
déclara qui il etoit , & lui dit que la
reputation de sa beauté & ses portraits,
l'avoient engagé à quitter une Cour
délicieuse, pour lui venir offrir ses
vœux & sa foi Nonchalante fut d'a-
bord si éperdue , qu'elle ne pouvoit
répondre au Prince qui étoit toujours
à genoux mais comme , en lui disant mille douceurs & lui faisant mille
protestations , il la conjuroit avec ardeur de le recevoir pour époux dès
ce moment-là n ême ; sa mollesse naturelle ne lui laissant pas la force de
disputer , elle dit nonchalemment à
Riche-cautelle qu'elle le croyoit sincere , & qu'elle acceptoit sa foi. Elle
n'observa pas de plus grandes forma-

lités que celles-là dans la concluſion
de ce mariage, mais auſſi elle en
perdit ſa quenouille : elle ſe briſa en
mille morceaux

Cependant Babillarde & Finette
étoient dans des inquiétudes étran-
ges Elles avoient gagné ſéparément
leurs chambres, & elles s'y étoient
enfermées. Ces chambres étoient aſſez
eloignées l'une de l'autre, & comme
chacune de ces Princeſſes ignoroit
entiérement le deſtin de ſes ſœurs,
elles paſſerent la nuit ſans fermer
l œil

Le lendemain le pernicieux Prince
mena Nonchalante dans un appartement bas qui étoit au bout du jardin, & là cette Princeſſe témoigna
à Riche-cautele l'inquiétude où elle
étoit de ſes ſœurs, quoiqu'elle n'o-
ſât ſe préſenter devant elles, dans
la crainte qu'elles ne blâmaſſent fort
ſon mariage. Le Prince lui dit qu'il
ſe chargeoit de le leur faire approuver, & après quelques diſcours il ſor-
tit, & enferma Nonchalante ſans

F 5

qu'elle s'en apperçût . enfuite il fe
mit à chercher les Princeffes avec foin.
Il fut quelque temps fans pouvoir dé-
couvrir dans quelles chambres elles
étoient enfermées. Enfin l'envie qu'a-
voit Babillarde de toujours parler,
étant caufe que cette Princeffe parloit toute feule en fe plaignant, le
Prince s'approcha de la porte de fa
chambre, & la vit par le trou de
la ferrure.

Riche-cautelle lui parla au travers
de la porte, & lui dit, comme il
avoit dit à fa fœur, que c'étoit pour
lui offrir fon cœur & fa foi qu'il avoit
fait l'entreprife d'entrer dans la tour.
Il louoit avec exagération fa beauté
& fon efprit & Babillarde, qui
étoit tres-perfuadée qu'elle poffédoit
un mérite extrême, fut affez folle
pour croire ce que le Prince lui difoit elle lui repondit un flux de paroles, qui n'étoient pas trop défobli-
geantes. Il falloit que cette Princeffe
eût une étrange fureur de parler,
pour s'en acquitter comme elle fai-

ſoit dans ces moments ; car elle étoit
dans un abattement terrible , outre
qu'elle n'avoit rien mangé de la journée , par la raiſon qu'il n'y avoit rien
dans ſa chambre propre à manger.
Comme elle étoit d'une pareſſe extrême , & qu'elle ne ſongeoit jamais
a rien qu'à toujours parler , elle n'a-
voit pas la moindre prévoyance quand
elle avoit beſoin de quelque choſe ,
elle avoit recours à Finette , & cette
amable Princeſſe , qui étoit auſſi la-
borieuſe & prévoyante que ſes ſœurs
l'étoient peu , avoit toujours dans ſa
chambre une infinité de maſſe-pains ,
de pâtés & de confitures ſeches &
liquides qu'elle avoit fait elle-même.
Babillarde donc , qui n'avoit pas un
pareil avantage , ſe ſentant preſſée
par la faim & par les tendres proteſ-
tations que lui faiſoit le Prince au
travers de la porte , l'ouvrit enfin à
ce ſéducteur , & quand elle eut ou-
vert , il fit encore parfaitement le Co-
medien auprès d'elle · il avoit bien
étudié ſon rôle.

F 6

Ensuite ils sortirent tous deux de
cette chambre, & s'en allerent à
l'office du Château, où ils trouverent toutes sortes de rafraîchissements,
car le corbillon en fournissoit toujours
les Princesses d'avance. Babillarde
cont nuoit d'abord à être en peine de
ce qu'étoient devenues ses sœurs;
mais elle s'alla mettre dans l'esprit,
sur je ne sais quel fondement, qu'elles
étoient sans doute toutes deux enfermées dans la chambre de Finette,
où elles ne manquoient de rien. Riche-
cautelle fit tous ses efforts pour la
confirmer dans cette pensée, & lui
dit qu'ils iroient trouver ces Princesses vers le soir. Elle ne fut pas de
cet avis, elle répondit, qu'il falloit
les aller chercher quand ils auroient
mangé.

Enfin, le Prince & la Princesse
mangerent ensemble de fort bon accord, & après qu'ils eurent achevé,
Riche-cautelle demanda à aller voir
le bel appartement du Château: il
donna la main à la Princesse, qui le

mena dans ce lieu , & quand il y fut ,
il recommença à exagérer la tendreſſe qu'il avoit pour elle , & les
avantages qu'elle trouveroit en l'é-
pouſant. Il lui dit, comme il avoit
dit à Nonchalante , qu'elle devoit
accepter ſa foi au moment même ,
parce que ſi elle alloit trouver ſes
ſœurs , avant que de l'avoir reçu pour
époux , elles ne manqueroient pas de
s'y oppoſer ; puiſqu'étant ſans con-
tredit , le plus Puiſſant Prince voiſin ,
il paroiſſoit plus vraiſemblablement
un parti pour l'aînée que pour elle ;
qu'ainſi cette Princeſſe ne conſenti-
roit jamais à une union qu'il ſouhai-
toit avec toute l'ardeur imaginable.
Babillarde , après bien des diſcours
qui ne ſignifioient rien , fut auſſi extra-
vagante qu'avoit été ſa ſœur elle
accepta le Prince pour époux , & ne
ſe ſouvint des effets de ſa quenouille
de verre , qu'après que cette quenouille fut caſſée en cent pieces.

Vers le ſoir Babillarde retourna
dans ſa chambre avec le Prince , &

la premiere chofe que vit cette Princeffe, ce fut fa quenouille de verre
en morceaux. Elle fe troubla à ce
fpectacle. le Prince lui demanda le
fujet de fon trouble. Comme la rage
de parler la rendoit incapable de
rien taire, elle dit fottement à Riche-cautelle le myftere des quenouilles; & ce Prince eut une joie de
fcelérat, de ce que le pere des Princeffes feroit par-là entiérement con-
vaincu de la mauvaife conduite de
fes filles.

Cependant Babillarde n'étoit plus
en humeur d'aller chercher fes fœurs,
elle craignoit, avec raifon, qu'elles ne puffent approuver fa conduite,
mais le Prince s'offrit de les aller
trouver, & dit qu'il ne manqueroit
pas de moyens pour les perfuader de
l'approuver. Après cette affurance,
la Princeffe, qui n'avoit point dormi
la nuit, s'affoupit, & pendant qu'elle
dormoit Riche-cautelle l'enferma à la
clef, comme il avoit fait Nonchalante.

N'eſt-il pas vrai , belle Comteſſe ,
que ce Riche-cautelle étoit un grand
ſcélérat , & ces deux Princeſſes de
lâches & imprudentes perſonnes ? Je
ſuis fort en colere contre tous ces
gens-là , & je ne doute pas que vous
n'y ſoyez beaucoup auſſi · mais ne
vous inquiétez point , ils feront tous
traités comme ils méritent , il n'y
aura que la ſage & courageuſe Finette
qui triomphera.

Quand ce Prince perfide eut enfermé Babillarde , il alla dans toutes
les chambres du Château les unes
après les autres; & comme il les
trouva toutes ouvertes , il conclut
qu'une ſeule , qu'il voyoit fermée par
dedans , étoit aſſurement celle où
s'étoit retirée Finette. Comme il
avoit compoſé une harangue circu-
laire , il s'en alla débiter à la porte
de Finette , les mêmes choſes qu'il
avoit dites à ſes ſœurs. Mais cette
Princeſſe , qui n'étoit pas une dupe
comme ſes aînées , l'écouta aſſez long-
temps ſans lui répondre. Enfin ,

voyant qu'il étoit éclairci qu'elle étoit dans cette chambre, elle lui dit, que s'il étoit vrai qu'il eût une tendresse aussi forte & aussi sincere pour elle qu'il vouloit le lui persuader, elle le prioit de descendre dans le jardin, & d'en fermer la porte sur lui, & qu'après elle lui parleroit tant qu'il voudroit par la fenêtre de sa chambre, qui donnoit sur ce jardin.

Riche-cautelle ne voulut point accepter ce parti, & comme la Princesse s'opiniâtroit toujours à ne point vouloir ouvrir, ce méchant Prince, outré d'impatience, alla querir une bûche, & enfonça la porte. Il trouva Finette armée d'un gros marteau, qu'on avoit laissé par hazard dans une garde-robe qui etoit proche de sa chambre.

L'émotion animoit le teint de cette Princesse, & quoique ses yeux fussent pleins de colere, elle parut à Riche-cautelle d'une beauté à enchanter. Il voulut se jetter à ses pieds, mais elle lui dit fièrement en se re-

culant · Prince, si vous approchez de
moi, je vous fendrai la tête avec
ce marteau. Quoi ! belle Princesse,
s'écria Riche-cautelle de son ton d'hy-
pocrite, l'amour qu'on a pour vous
s'attire une si cruelle haine ? Il se mit
à lui prôner de nouveau, mais d'un
bout de la chambre à l'autre, l'ardeur
violente que lui avoit inspiré la reputation de sa beauté & de son esprit
merveilleux. Il ajouta, qu'il ne s'étoit
déguisé que pour venir lui offrir avec
respect son cœur & sa main, & lui
dit qu'elle devoit pardonner à la violence de sa passion la hardiesse qu'il
avoit eu d'enfoncer sa porte. Il fi-
nit en lui voulant persuader, comme
il avoit fait à ses sœurs, qu'il étoit
de son intérêt de le recevoir pour
époux au plus vîte. Il dit encore à
Finette, qu'il ne savoit pas où s'étoient
retirées les Princesses ses sœurs, parce
qu'il ne s'étoit pas mis en peine de
les chercher, n'ayant songé qu'à elle.
L'adroite Princesse, feignant de se
radoucir, lui dit qu'il falloit chercher

fes fœurs, & qu'après on prendroit des mefures tous emfemble : mais Riche-cautelle lui répondit, qu'il ne pouvoit fe réfoudre à aller trouver les Princeffes, qu'elle n'eût confenti à l'époufer, parce que fes fœurs ne manqueroient pas de s'y oppofer, à caufe de leur droit d'aineffe.

Finette, qui fe défioit avec raifon de ce Prince perfide, fentit redoubler fes foupçons par cette réponfe elle trembla de ce qui pouvoit être arrivé à fes fœurs, & fe réfolut de les venger du même coup qui lui feroit éviter un malheur pareil à celui qu'elle jugeoit qu'elles avoient eu. Cette jeune Princeffe dit donc à Riche-cautelle, qu'elle confentoit fans peine à l'époufer : mais qu'elle étoit perfuadée que les mariages qui fe faifoient le foir étoient toujours malheureux ; qu'ainfi elle le prioit de remettre la cerémonie de fe donner une foi reciproque, au lendemain matin Elle ajouta, qu'elle l'affuroit de n'avertir les Princeffes de rien, & lui

dit qu'elle le prioit de la laisser un peu
de temps seule pour penser au Ciel,
qu'ensuite elle le meneroit dans une
chambre où il trouveroit un fort bon
lit, & qu'après elle reviendroit s'en-
fermer chez elle jusqu'au lendemain.

Riche-cautelle qui n'étoit pas un
fort courageux personnage, & qui
voyoit toujours Finette armée du gros
marteau, dont elle badinoit comme
on fait d'un éventail, Riche-cautelle,
dis-je, consentit à ce que souhaitoit
la Princesse, & se retira pour la laisser quelque temps méditer. Il ne fut
pas plutôt éloigné, que Finette courut
faire un lit sur le trou d'un égout qui
étoit dans une chambre du Château.
Cette chambre étoit aussi propre
qu'une autre. mais on jettoit dans
le trou de cet égout, qui étoit fort
spacieux, toutes les ordures du Château. Finette mit sur ce trou deux
bâtons croisés très-foibles, puis elle
fit bien proprement un lit par dessus,
& s'en retourna aussi-tôt dans sa chambre. Un moment après Riche-cautelle

y revint, & la Princesse le conduisit
où elle venoit de faire le lit, & se
retira.

Le Prince, sans se déshabiller, se
jetta sur le lit avec précipitation, &
sa pesanteur ayant fait tout d'un coup
rompre les petits bâtons, il tomba
au fond de l'égout, sans pouvoir se
retenir, en se faisant vingt bosses à
la tête, & en se fracassant de tous
côtés. La chûte du Prince fit un grand
bruit dans le tuyau · d'ailleurs il
n'étoit pas éloigné de la chambre de
Finette ; elle sut aussi-tôt que son
artifice avoit eu tout le succès qu'elle
s'étoit promis, & elle en ressentit une
joie secrete qui lui fut extrêmement
agréable. On ne peut pas decrire le
plaisir qu'elle eut de l'entendre bar-
boter dans l'égout. Il méritoit bien
cette punition ; & la Princesse avoit
raison d'en être satisfaite

Mais sa joie ne l'occupoit pas si
fort, qu'elle ne pensât plus à ses sœurs.
Son premier soin fut de les chercher.
Il lui fut facile de trouver Babillarde.

Riche-cautelle, après avoir enfermé cette Princeffe à double tour, avoit laiffé la clef à fa chambre. Finette entra dans cette chambre avec empreffement, & le bruit qu'elle fit reveilla fa fœur en furfaut. Elle fut bien confufe en la voyant Finette lui raconta de quelle maniere elle s'étoit défaite du Prince fourbe, qui étoit venu pour les outrager. Babillarde fut frappée de cette nouvelle comme d'un coup de foudre, car, malgré fon caquet, elle étoit fi peu eclairée, qu'elle avoit cru ridiculement tout ce que Riche-cautelle lui avoit dit. Il y a encore des dupes comme celle-là au monde.

Cette Princeffe diffimulant l'excès de fa douleur, fortit de fa chambre pour aller, avec Finette, chercher Nonchalante. Elles parcoururent toutes les chambres du Château fans trouver leur fœur : enfin Finette s'avifa qu'elle pouvoit bien être dans l'appartement du jardin. Elles l'y trouverent en effet, demi-morte de déſeſpoir & de foibleſſe , car elle n'avoit pris aucune nourriture de la journée. Les Princeſſes lui donnerent tous les ſecours néceſſaires ; enſuite elles firent enſemble des éclairciſſements qui mirent Nonchalante & Babillarde dans une douleur mortelle puis toutes trois s'allerent repoſer.

Cependant Riche-cautelle paſſa la nuit fort mal à ſon aiſe ; & quand le jour fut venu , il ne fut guères mieux. Ce Prince ſe trouvoit dans des cavernes dont il ne pouvoit pas voir toute l'horreur, parce que le jour n'y donnoit jamais. Néanmoins à force de ſe tourmenter, il trouva l'iſſue de l'égout, qui donnoit dans une ri-viere aſſez éloignée du Château. Il trouva moyen de ſe faire entendre à des gens qui péchoient dans cette riviere dont il fut tiré dans un état qui fit compaſſion à ces bonnes gens.

Il ſe fit tranſporter à la Cour du Roi ſon pere, pour ſe guérir à loiſir ; & la diſgrace qui lui étoit arrivée, lui fit prendre une forte haine contre Finette, qu'il ſongea moins à ſe guérir qu'à ſe venger d'elle.

Cette Princeſſe paſſoit des moments bien triſtes · la gloire lui étoit mille fois plus chere que la vie; & la honteuſe foibleſſe de ſes ſœurs la met-toit dans un déſeſpoir dont elle avoit peine à ſe rendre maîtreſſe. Cepen-dant la mauvaiſe ſanté de ces deux Princeſſes, qui étoit cauſée par les ſuites de leurs mariages indignes, mit encore la conſtance de Finette à l'é-preuve. Riche-cautelle, qui étoit déja un habile fourbe, rappella tout ſon eſprit depuis ſon aventure, pour de-venir fourbiſſime. L'égout, ni les con-tuſions, ne lui donnoient pas tant de chagrin, que le dépit d'avoir trouvé quelqu'un plus fin que lui. Il ſe douta des ſuites de ſes deux mariages; & pour tenter les Princeſſes malades, il fit porter ſous les fenêtres de leur Château de grandes caiſſes remplies d'arbres tous chargés de beaux fruits. Nonchalante & Babillarde, qui étoient souvent aux fenêtres, ne manquerent pas de voir ces fruits . aussi-tôt il leur prit une envie violente d'en manger, & elles persécuterent Finette de descendre dans le corbillon pour en aller cueillir. La complaisance de cette Princesse fut assez grande pour vouloir bien contenter ses sœurs · elle descendit, & leur rapporta de ces beaux fruits, qu'elles mangerent avec la derniere avidité.

Le lendemain il parut des fruits d'une autre espece. Nouvelle envie des Princesses : nouvelle complaisance de Finette ; mais des Officiers de Richecautelle cachés, & qui avoient manqué leur coup la premiere fois, ne le manquerent pas celle-ci : ils se saisirent de Finette, & l'emmenerent aux yeux de ses sœurs, qui s'arrachoient les cheveux de désespoir.

Les Satellites de Riche-cautelle firent si bien, qu'ils menerent Finette dans une maison de campagne où étoit le Prince, pour achever de se remettre en santé. Comme il étoit transporté

de

de fureur contre cette Princeſſe, il
lui dit cent choſes brutales, à quoi
elle répondit toujours avec une fermeté & une grandeur d'ame digne
d'une Héroïne comme elle étoit. Enfin,
après l'avoir gardée quelques jours
priſonniere, il la fit conduire au ſom-
met d'une montagne extrêmement haute, & il y arriva lui-même un moment après elle. Dans ce lieu il lui
annonça qu'on l'alloit faire mourir
d'une maniere qui le vengeroit des
tours qu'elle lui avoit faits : enſuite
ce perfide Prince montra barbare-
ment à Finette un tonneau tout hé-
riſſé par dedans de canifs, de ra-
ſoirs & de cloux à crochet, & lui
dit que pour la punir comme elle
méritoit, on l'alloit jetter dans ce
tonneau, puis le rouler du haut de la
montagne en bas. Quoique Finette
ne fût pas Romaine, elle ne fût pas
plus effrayée du ſupplice qu'on lui
préparoit, que Régulus l'avoit été
autrefois à la vue d'un deſtin pareil.
Cette jeune Princeſſe conſerva toute

G

fa fermeté, & même toute fa préfence d'efprit. Riche cautelle, au-lieu
d'admirer fon caractere héroïque . en
prit une nouvelle rage contre elle,
& fongea à hâter fa mort. Dans
cette vue il fe baiffa vers l'entrée du
tonneau, qui devoit être l'inftrument
de fa vengeance, pour examiner s'il
étoit bien fourni de toutes fes armes
meurtrieres.

Finette, qui vit fon perfécuteur attentif à regarder, ne perdit point de
temps, elle le jetta hablement dans
le tonneau, & elle le fit rouler du
haut de la montagne en bas, fans
donner au Prince le temps de fe re-
connoître. Après ce coup elle prit la
fuite, & les Officiers du Prince, qui
avoient vu avec une extrême douleur la maniere cruelle dont leur
Maître vouloit traiter cette aimable
Princeffe, n'eurent garde de courir
après elle pour l'arrêter. D'ailleurs,
ils étoient fi effrayés de ce qui venoit
d'arriver à Riche-cautelle, qu'ils ne
purent fonger à autre chofe qu'à tâ-

cher d'arrêter le tonneau qui rouloit
avec violence. mais leurs soins furent inutiles ; il roula jusqu'au bas de
la montagne, & ils en tirent leur
Prince couvert de mille plaies.

L'accident de Riche-cautelle mit
au désespoir le Roi Moult-bénin &
le Prince Bel-à-voir. Pour les Peuples de leurs Etats, ils n'en furent point
touchés. Riche-cautelle en étoit très-
haï ; & même l'on s'étonnoit de ce
que le jeune Prince, qui avoit des
sentiments si nobles & si généreux,
pût tant aimer cet indigne aîné. Mais
tel étoit le bon naturel de Bel-à-voir,
qu'il s'attachoit fortement à tous ceux
de son sang, & Riche-cautelle avoit
toujours eu l'adresse de lui témoigner
tant d'amitié, que ce généreux Prince
n'auroit jamais pu se pardonner de
n'y pas répondre avec vivacité. Bel-
à-voir eut donc une douleur violente
des blessures de son frere, & il mit
tout en usage pour tâcher de les
guérir promptement cependant,
malgré les soins empressés que tout

le monde en prit, rien ne foulageoit
Richecautelle ; au contraire, fes plaies
fembloient toujours s'envenimer de
plus en plus , & le faire fouffrir long-
temps.

Finette , après s'être dégagée de
l'effroyable danger qu'elle avoit couru,
avoit encore regagné heureufement
le Château où elle avoit laiffé fes
fœurs ; & n'y fut pas long-temps
fans être livrée à de nouveaux chagrins. Les deux Princeffes mirent au
monde chacune un fils, dont Finette
fe trouva fort embarraffée. Cependant le courage de cette Princeffe ne
s'abattit point : l'envie qu'elle eut
de cacher la honte de fes fœurs, la
fit réfoudre à s'expofer encore une
fois, quoiqu'elle en vît bien le péril.
Elle prit , pour faire réuffir le deffein
qu'elle avoit, toutes les mefures que
la prudence peut infpirer Elle fe
déguifa en homme ; enferma les enfants de fes fœurs dans des boîtes ;
& elle y fit de petits trous vis-à-vis
la bouche de ces enfants, pour leur

laisser la respiration Elle prit un cheval, emporta ces boîtes & quelques autres; & dans cet équipage elle arriva à la Ville Capitale du Roi Moult-bénin, où étoit Riche - cautelle.

Quand Finette fut dans cette Ville, elle apprit que la maniere magnifique dont le Prince Bel-à-voir récompensoit les remedes qu'on donnoit à son frere, avoit attiré à la Cour tous les Charlatans de l'Europe, car dès ce temps-là il y avoit quantité d'aventuriers sans emploi, sans talent, qui se donnoient pour des hommes admirables, qui avoient reçu des dons du Ciel pour guerir toutes fortes de maux. Ces gens, dont la seule science étoit de fourber hardiment, trouvoient toujours beaucoup de croyance parmi les Peuples; ils savoient leur imposer par leur extérieur extraordinaire, & par les noms bizarres qu'ils prenoient. Ces sortes de Médecins ne restent jamais dans le lieu de leur naissance, & la pré-

rogative de venir de loin, ſouvent
leur tient lieu de mérite chez le vulgaire.

L'ingénieuſe Princeſſe, bien informée de tout cela, ſe donna un nom
parfaitement étranger pour ce Royau-
me-là : ce nom étoit Sanatio, puis
elle fit annoncer de tous côtés que
le Chevalier Sanatio étoit arrivé avec
des ſecrets merveilleux, pour guérir
toutes ſortes de bleſſures les plus dan-
gereuſes & les plus envenimées Auſſi-
tôt Bel-à-voir envoya quérir le prétendu Chevalier. Finette vint, fit le
Médecin empirique le mieux du monde, débita cinq ou ſix mots de l'art
d'un air cavalier : rien n'y manquoit
Cette Princeſſe fut ſurpriſe de la bonne
mine & des manieres agréables de Bel-
à-voir, & après avoir raiſonné quelque temps avec ce Prince au ſujet des
bleſſures de Riche-cautelle, elle dit
qu'elle alloit quérir une bouteille d'une
eau incomparable, & que cependant
elle laiſſoit deux boîtes qu'elle avoit ap
portées, qui contenoient des onguents
excellents, propre au Prince bleſſé.

Là-dessus le prétendu Médecin sortit, il ne revenoit point : l'on s'impatientoit beaucoup de le voir tant tarder Enfin, comme on alloit envoyer le presser de revenir, on entendit des cris de petits enfants dans la chambre de Riche-cautelle. Cela surprit tout le monde, car il ne paroissoit point d'enfants. Quelqu'un prêta l'oreille, & on découvrit que ces cris venoient des boîtes de l'Empirique.

C'étoient en effet les neveux de Finette. Cette Princesse leur avoit fait prendre beaucoup de nourriture avant que de venir au Palais · mais comme il y avoit déjà long-temps, ils en souhaitoient de nouvelle, & ils expliquoient leurs besoins en chantant sur un ton dolent. On ouvrit les boîtes, & l'on fut fort surpris d'y voir bien effectivement deux marmots, qu'on trouva fort jolis. Riche-cautelle se douta aussi-tôt que c'étoit encore un nouveau tour de Finette · il en conçut une fureur qu'on ne peut pas dire, & ses maux en augmenterent à un

tel point, qu'on vit bien qu'il falloit
qu'il en mourût.

Bel-à-voir en fut pénétré de douleur; Riche-cautelle, perfide juſqu'à
ſon dernier moment, ſongea a abuſer
de la tendreſſe de ſon frere.

Vous m'avez toujours aimé, Prince, lui dit-il, & vous pleurez ma perte.
Je n'ai plus beſoin des preuves de votre amitié par rapport à la vie. Je
meurs · mais ſi je vous ai été véri-
tablement cher, promettez-moi de
m'accorder la priere que je vais vous
faire.

Bel-à-voir, qui, dans l'état où il
voyoit ſon frere, ſe ſentoit incapable
de lui rien refuſer, lui promit avec
les plus terribles ſerments de lui accorder tout ce qu'il lui demanderoit.
Auſſi-tôt que Riche-cautelle eut entendu ces ſerments, il dit à ſon frere en
l'embraſſant : Je meurs conſolé, Prince, puiſque je ſerai vengé ; car la
priere que j'ai à vous faire, c'eſt de
demander Finette en mariage auſſi-tôt
que je ſerai mort Vous obtiendrez

sans doute cette maligne Princesse,
& dès qu'elle sera en votre pouvoir,
vous lui plongerez un poignard dans
le sein. Bel-à-voir frémit d'horreur
à ces mots il se repentit de l'imprudence de ses sermens ; mais il n'étoit
plus temps de se dédire, & il ne voulut
rien témoigner de son repentir à son
frere, qui expira peu de temps après.
Le Roi Moult-bénin en eut une sen-
sible douleur Pour son Peuple loin
de regreter Riche-cautelle, il fut ravi
que sa mort assurât la succession du
Royaume à Bel-à-voir, dont le mérite étoit chéri de tout le monde.

Finette qui étoit encore une fois heu-
reusement retournée avec ses sœurs,
apprit bientôt la mort de Riche-cautelle, & peu de temps après on annonça aux trois Princesses le retour
du Roi leur pere. Ce Prince vint
avec empressement dans leur tour,
& son premier soin fut de demander à voir les quenouilles de verre.
Nonchalante alla quérir la quenouille
de Finette, la montra au Roi ; puis

ayant fait une profonde révérence,
elle reporta la quenouille où elle
l'avoit prife. Babillarde fit le même
manege, & Finette à fon tour apporta fa quenouille mais le Roi qui
étoit foupçonneux, voulut voir les
trois quenouilles à la fois. Il n'y eut
que Finette qui pût montrer la fienne ; & le Roi entra dans une telle
fureur contre fes deux filles aînées,
qu'il les envoya à l'heure même à la
Fée qui lui avoit donné les quenouilles, en la priant de les gar-
der toute leur vie auprès d'elle, &
de les punir comme elles le méri-
toient

Pour commencer la punition des
Princeffes, la Fée les mena dans une
galerie de fon Château enchanté, où
elle avoit fait peindre l'Hiftoire d'un
nombre infini de Femmes illuftres,
qui s'étoient rendues célebres par leurs
vertus & par leur vie laborieufe. Par
une effet merveilleux de l'art de fée-
rie, toutes ces figures avoient du
mouvement, & étoient en action de-

puis le matin juſqu'au ſoir. On voyoit
de tous côtés des trophées & des
deviſes à la gloire de ces femmes ver-
tueuſes, & ce ne fut pas une légere
mortification pour les deux ſœurs,
de comparer le triomphe de ces
Héroïnes, avec la ſituation. mépri-
ſable où leur malheureuſe imprudence
les avoit réduites. Pour comble de
chagrin, la Fée leur dit avec gra-
vité, que ſi elles s'étoient auſſi-bien
occupées que celles dont elles
voyoient les tableaux, elles ne ſeroient pas tombées dans les indignes
égaremens où elles s'étoient per-
dues, mais que l'oiſiveté étoit *la mere
de tous vices* & la ſource de tous
leurs malheurs. La Fée ajouta, que
pour les empêcher de retomber jamais dans des malheurs pareils, &
pour leur faire réparer le temps qu'elles avoient perdu, elle alloit les oc-
cuper d'une bonne maniere. En effet
elle obligea les Princeſſes de s'em-
ployer aux travaux les plus groſſiers
& les plus vils; & ſans egard pour

leur teint, elle les envoyoit cueillir
des pois dans ses Jardins, & en ar-
racher les mauvaises herbes. Nonchalante ne put résister au desespoir
qu'elle eut de mener une vie si peu
conforme à ses inclinations, elle mourut de chagrin & de fatigue. Babillarde, qui trouva moyen, quelque
temps après, de s'échapper la nuit,
du Château de la Fée, se cassa la
tête contre un arbre, & mourut
de cette blessure entre les mains des
Paysans.

Le bon naturel de Finette lui fit
ressentir une douleur bien vive du
destin de ses sœurs ; & au milieu de
ses chagrins, elle apprit que le
Prince Bel-à-voir l'avoit fait demander en mariage au Roi son pere, qui
l'avoit accordée sans l'en avertir : car
dès ce temps-là l'inclination des parties étoit la moindre chose que l'on
considéroit dans les mariages. Finette
trembla à cette nouvelle, elle craignoit avec raison que la haine que
Riche-cautelle avoit pour elle, n'eût

passé dans le cœur d'un frere dont il étoit si chéri, & elle appréhenda que ce jeune Prince ne voulût l'épouser pour la sacrifier à son frere. Pleine de cette inquiétude, la Princesse alla consulter la sage Fée, qui l'estimoit autant qu'elle avoit méprisé Nonchalante & Babillarde.

La Fée ne voulut rien révéler à Finette ; elle lui dit seulement . Princesse, vous êtes sage & prudente, vous n'avez pris jusqu'ici des mesures si justes pour votre conduite, qu'en vous mettant toujours dans l'esprit que *la defiance est mere de sûreté* ; continuez de vous souvenir vivement de l'importance de cette maxime, & vous parviendrez à être heureuse sans le secours de mon art. Finette n'ayant pu tirer d'autre éclaircissement de la Fée, s'en retourna au palais dans une extrême agitation.

Quelques jours après cette Princesse fut épousée par un Ambassadeur au nom du Prince Bel-à-voir, & on l'emmena trouver son époux

dans un équipage magnifique. On lui
fit des entrées de même dans les
deux premieres Villes frontieres du
Roi Moult-bénin, & dans la troifieme elle trouva Bel-à-voir qui étoit
venu au devant d'elle par l'ordre de
fon pere. Tout le monde étoit furpris de voir la tristeffe de ce jeune
Prince aux approches d'un mariage
qu'il avoit témoigné fouhaiter. le
Roi même lui en faifoit la guerre,
& l'avoit envoyé malgré lui au devant de la Princeffe.

Quand Bel-à-voir la vit, il fut
frappé de fes charmes, il lui en fit
compliment, mais d'une maniere fi
confufe, que les deux Cours, qui
favoient combien ce Prince étoit fpirituel & galant, crurent qu'il en
étoit fi vivement touché, qu'à force
d'être amoureux il perdoit la préfence
d'efprit. Toute la Ville retentiffoit
des cris de joie, & l'on n'entendoit
de tous côtés que des concerts & des
feux d'artifice. Enfin, après un foupé
magnifique, on fongea à mener

les deux époux dans leur appartement

Finette, qui ſe ſouvenoit toujours
de la maxime que la Fée lui avoit re-
nouvellée dans l'eſprit avoit ſon deſſein
en tête. Cette Princeſſe avoit gagné
une de ſes femmes, qui avoit la
clef du cabinet de l'appartement qu'on
lui deſtinoit, & elle avoit donné ordre à cette femme de porter dans ce
cabinet de la paille, une veſſie, du
ſang de mouton & les boyaux de
quelques-uns des animaux qu'on avoit
mangés au ſoupé. La Princeſſe paſſa
dans ce cabinet ſous quelque prétexte, & compoſa, une figure de
paille, dans laquelle elle mit les
boyaux & la veſſie pleine de ſang.
Enſuite elle ajuſta cette figure en dès-
habillé de femme & en bonnet de
nuit Lorſque Finette eut achevé cette
belle marionnette, elle alla rejoindre
la compagnie, & peu de temps après
on conduiſit la Princeſſe & ſon époux
dans leur appartement. Quand on eut
donné à la toilette le temps qu'il lui

falloit donner , la Dame d'honneur emporta les flambeaux & ſe retira. Auſſi-tôt Finette jetta la femme de paille dans le lit, & ſe cacha dans un des coins de la chambre.

Le Prince après avoir ſoupiré deux ou trois fois fort haut , prit ſon épée, & la paſſa au travers du corps de la prétendue Finette. Au même moment il ſentit le ſang ruiſſeler de tous côtés, & trouva la femme de paille ſans mouvement Qu'ai-je fait , s'écria Bel-à-voir ! Quoi ! après tant de cruelles agitations ! Quoi ! après avoir tant balancé , ſi je garderois mes ſermens aux dépens d'un crime , j'ai ôté la vie à une charmante Princeſſe que j'étois né pour aimer ! Ses charmes m'ont ravi dès le moment que je l'ai vue , cependant je n'ai pas eu la force de m'affranchir d'un ſerment qu'un frere , poſſédé de fureur , avoit exigé de moi par une indigne ſurpriſe ! Ah , Ciel , peut-on ſonger à vouloir punir une femme d'avoir trop de vertu ! Hé bien , Riche-cautelle ,

j'ai satisfait ton injuste vengeance ;
mais je vais venger Finette à son tour
par ma mort Oui, belle Princesse,
il faut que de la même épée .. A
ces mots, Finette entendit que le
Prince, qui dans son transport avoit
laissé tomber son épée, la cherchoit
pour se la passer au travers du corps ·
elle ne voulut pas qu'il fît une telle
sottise, ainsi elle lui cria · Prince,
je ne suis point morte. Votre bon
cœur m'a fait deviner votre repentir ;
& par une tromperie innocente, je
vous ai épargné un crime.

Là-dessus Finette raconta à Bel-
à-voir la prévoyance qu'elle avoit
eue touchant la femme de paille Le
Prince, transporté de joie d'appren-
dre que la Princesse vivoit, admira
la prudence qu'elle avoit en toutes
sortes d'occasions, & lui eut une
obligation infinie de lui avoir épargné un crime à quoi il ne pouvoit penser sans horreur ; & il ne comprenoit
pas comment il avoit eu la foiblesse
de ne pas voir la nullité des malheu-

reux ſerments qu'on avoit exigés de
lui par artifice.

Cependant, ſi Finette n'eût pas
toujours été bien perſuadée que *dé-
fiance eſt mere de ſureté*, elle eût été
tuée, & ſa mort eût été cauſe de celle
de Bel-à-voir; & puis après on auroit raiſonné à loiſir ſur la bizar-
rerie des ſentiments de ce Prince.
Vive la prudence & la préſence d'eſprit ! elles préſerverent ces deux époux
de malheurs bien funeſtes, pour les
reſerver à un deſtin le plus doux du
monde. Ils eurent toujours l'un pour
l'autre une tendreſſe extrême, paſſerent une longue ſuite de beaux jours
dans une gloire & dans une félicité
qu'on auroit peine à bien décrire.

Voilà, Madame, la très-merveil-
leuſe Hiſtoire de Finette. Je vous
avoue que je l'ai brodée, & que je
vous l'ai contée un peu au long ; mais
quand on dit des contes, c'eſt une
marque que l'on n'a pas beaucoup
d'affaires, on cherche à s'amuſer,
& il me paroît qu'il ne coûte pas

plus de les alonger , pour faire durer
davantage la converſation · d'ailleurs , il me ſemble que les circonſ-
tances font le plus ſouvent l'agrément de ces hiſtoires badines. Vous
pouvez croire, charmante Comteſſe ,
qu'il eſt facile de les reduire en
abrégé Je vous aſſure que quand
vous voudrez, je vous dirai les aventures de Finette en fort peu de mots.
Cependant ce n'eſt pas ainſi que l'on
me les racontoit quand j'étois enfant, le récit en duroit au moins une
bonne heure.

Je ne doute pas que vous ne ſa-
chiez que ce Conte eſt très-fameux :
mais je ne ſais ſi vous êtes informée
de ce que la tradition nous dit de
ſon antiquité. Elle nous aſſure que
les Troubadours, ou Conteurs de
Provence, ont inventé Finette , bien
long-temps devant qu'Abeilard, ni
le célebre Comte Thibaud de Cham-
pagne euſſent produit des Romans.
Ces ſortes de fables renferment une
bonne morale. Vous avez remarque,

avec beaucoup de juſteſſe, qu'on fait
parfaitement bien de les raconter
aux enfants, pour leur inſpirer l'a-
mour de la vertu. Je ne ſais pas ſi
dans cet âge on vous a parlé de
Finette. mais pour moi,

Cent & cent fois ma Gouvernante,
Au lieu de fables d'animaux,
M'a raconte les traits moraux
De cette hiſtoire ſurprenante.
On y voit, accable de maux,
Un Prince dangereux, qu'une noire malice
Entraîna dans l'horreur du vice.
On y voit naturellement,
Que deux imprudentes Princeſſes,
Qui paſſoient tous les jours dans des vaines
molleſſes,
Et tomberent indignement
Dans un affreux égarement,
Reçurent pour le prix de leurs lâches foibleſſes,
Un prompt & juſte châtiment.
Mais autant que l'on voit dans cette belle
hiſtoire,
Le vice puni, malheureux,
Autant on voit les vertueux
Triomphans & couverts de gloire.

Après mille incidens qu'on ne sauroit prévoir,
 La sage & prudente Finette,
 Et le genéreux Bel-a-voir,
 Goutent une gloire parfaite.
 Oui, ces Contes frappent beaucoup,
plus que ne font les faits & du Singe & du Loup,
 J'y prenois un plaisir extrême,
 Tous les enfans en font de même
Mais ces Fables plairont jusqu'aux plus grands
  esprits,
 Si vous voulez, belle Comtesse,
Par vos heureux talens, orner de tels récits.
 L'antique Gaule vous en presse,
 Daignez donc mettre dans leurs jours
Les Contes ingenus, quoique remplis d'adresse,
 Qu'ont inventé les Troubadours.
Le sens mysterieux que leur tour enveloppe,
 Egale bien celui d'Esope.

LA VEUVE
ET SES DEUX
FILLES.
FABLE. *

Il y avoit un jour une veuve, allez bonne femme, qui avoit deux
filles, toutes deux fort aimables; l'aînée se nommoit *Blanche*, la seconde
Vermeille On leur avoit donné ces
noms, parce qu'elles avoient, l'une
le plus beau teint du monde, & la
seconde des joues & des levres ver-
meilles comme du corail. Un jour
cette bonne femme étant près de sa
porte à filer, vit une pauvre Vieille
qui avoit bien de la peine à se traî-
ner avec son bâton. Vous êtes bien
fatiguée, dit la bonne femme à la

---

* Cette Fable est tirée du Magasin des Enfants.

Pl 10 Les Aventures de l'inette

Vieille, asseyez-vous un moment pour
vous reposer , & aussi-tôt elle dit à
ses filles de donner une chaise à cette
femme. Elles se leverent toutes les
deux ; mais Vermeille courut plus fort
que sa sœur, & apporta la chaise.
Voulez-vous boire un coup, dit la
bonne femme à la Vieille ? De tout
mon cœur , répondit-elle , il me
semble même , que je mangerois bien
un morceau , si vous pouviez me donner quelque chose pour me ragoûter.
Je vous donnerai tout ce qui est en
mon pouvoir, dit la bonne femme ;
mais comme je suis pauvre , ce ne sera
pas grand'chose. En même-temps elle
dit à ses filles de servir la bonne
Vieille , qui se mit à table, & la bonne
femme commanda à l'aînée d'aller
cueillir quelques prunes, sur un prunier qu'elle avoit planté elle-même,
& qu'elle aimoit beaucoup. Blanche ,
au-lieu d'obéir de bonne grace à sa
mere , murmura contre cet ordre,
& dit en elle-même . ce n'est pas
pour cette vieille gourmande que j'ai

eu tant de foin de mon prunier. Elle n'ofa pourtant pas refufer quelques prunes; mais elle les donna de mauvaife grace, & à contre-cœur. Et vous, Vermeille, dit la bonne femme à la feconde de fes filles, vous n'avez pas de fruit à donner à cette bonne Dame; car vos raifins ne font pas mûrs. Il eft vrai, dit Vermeille, mais j'entends ma poule qui chante, elle vient de pondre un œuf, & fi Madame veut l'avaler tout chaud, je le lui offre de tout mon cœur. En même-temps, fans attendre la réponfe de la Vieille, elle courut chercher fon œuf; mais dans le moment qu'elle le préfentoit à cette femme, elle difparut, & l'on vit à fa place une belle Dame, qui dit à la mere: Je vais récompenfer vos deux filles felon leur merite. L'aînée deviendra une grande Reine, & la feconde une Fermiere: & en même temps ayant frappé la maifon de fon baton, elle difparut, & l'on vit dans la place une jolie Ferme. Voilà votre partage, dit-elle

à

à Vermeille, je fais que je vous donne
à chacune ce que vous aimez le mieux.
La Fée s'éloigna, en difant ces paroles, & la mere, auffi-bien que les
deux filles, refterent fort étonnées.
Elles entrerent dans la Ferme, & furent charmées de la propreté des
meubles. Les chaifes n'étoient que de
bois; mais elles étoient fi propres,
qu'on s'y voyoit comme dans un miroir. Les lits étoient de toile, blanche comme la neige. Il y avoit dans
les étables vingt moutons, autant de
brebis; quatre bœufs, quatre vaches;
& dans la cour, toutes fortes d'animaux, comme de poules, de ca-
nards, des pigeons, & autres Il y
avoit auffi un joli jardin, rempli de
fleurs & de fruits Blanche voyoit
fans jaloufie le don qu'on avoit fait
à fa fœur, & elle n'étoit occupée
que du plaifir qu'elle auroit à être
Reine. Tout d'un coup elle entendit
paffer des Chaffeurs, & étant allée
fur la porte pour les voir, elle parut
fi belle aux yeux du Roi, qu'il refo-
H

lut de l'épouſer. Blanche, étant de-
venue Reine, dit à ſa ſœur Vermeille . Je ne veux pas que vous
ſojez Fermiere, venez avec moi,
ma ſœur, je vous ferai épouſer un
grand Seigneur. Je vous ſuis bien obli-
gee, ma ſœur, répondit Vermeille;
mais je ſuis accoutumée à vivre à la
campagne, & je veux y reſter. La
Reine Blanche partit donc; & elle
étoit ſi contente, qu'elle paſſa pluſieurs nuits ſans dormir de joie. Les
premiers mois elle fut ſi occupée de
ſes beaux habits, de bals, de comé-
dies, qu'elle ne penſoit à autre choſe
Mais bientôt elle s'accoutuma à tout
cela, & rien ne la divertiſſoit plus,
au contraire, elle eut de grands chagrins. Toutes les Dames de la Cour
lui rendoient degrands reſpects, quand
elles étoient devant elle; mais elle
ſavoit qu'elles ne l'aimoient pas, &
qu'elles diſoient: Voyez cette petite
Payſanne, comme elle fait la grande
Dame; le Roi a le cœur bien bas
d'avoir pris une telle femme. Ce
diſcours fit faire des reflexions au Roi.

Il pensa qu'il avoit eu tort d'épouser Blanche , & comme son amour
pour elle étoit passé , il eut un grand
nombre de maîtresses Quand on vit
que le Roi n'aimoit plus sa femme ,
on commença à ne plus lui rendre
aucun devoir. Elle étoit trés malheu-
reuse , car elle n'avoit pas une seule
bonne amie , à qui elle pût conter
ses chagrins. Elle voyoit que c'étoit
la mode à la Cour de trahir ses amis
par intérêt , de faire bonne mine à
ceux que l'on haïssoit , de mentir à
tous moments. Il falloit être sérieuse ,
parce qu'on lui disoit qu'une Reine
doit avoir un air grave & majes-
tueux. Elle eut plusieurs enfants , &
pendant tout ce temps , elle avoit un
Médecin auprès d'elle , qui exami-
noit tout ce qu'elle mangeoit , & lui
ôtoit toutes les choses qu'elle aimoit.
On ne mettoit point de sel dans ses
bouillons , on lui défendoit de se promener , quand elle en avoit envie ,
en un mot , elle étoit contredite depuis
le matin jusqu'au soir. On donna des

gouvernantes à ſes enfants, qui les élevoient tout de travers, ſans qu'elle eut la liberté d ̀ trouver à redire. La pauvre Blanche ſe mouroit de chagrin, & elle devint ſi maigre, qu'elle faiſoit pitié à tout le monde. Elle n'avoit pas vu ſa ſœur depuis trois ans qu'elle étoit Reine, parce qu'elle penſoit qu'une perſonne de ſon rang ſeroit deshonorée d'aller rendre viſite à une Fermiere, mais ſe voyant accablée de mélancolie, elle réſolut d'aller paſſer quelques jours à la campagne pour ſe déſennuyer. Elle en demanda la permiſſion au Roi, qui la lui accorda de bon cœur, parce qu'il penſoit qu'il ſeroit débarraſſé d'elle pendant quelque temps. Elle arriva ſur le ſoir à la Ferme de Vermeille, & elle vit de loin, devant la porte, une troupe de Bergers & de Bergeres, qui danſoient & ſe divertiſſoient de tout leur cœur. Helas! dit la Reine, en ſoupirant, ou eſt le temps que je me divertiſſois comme ces pauvres gens ⸴

perſonne n'y trouvoit à redire. D'a-
bord qu'elle parut, ſa ſœur accourut
pour l'embraſſer. Elle avoit un air ſi
content, elle étoit ſi fort engraiſſée,
que la Reine ne put s'empêcher de
pleurer en la regardant. Vermeille
avoit épouſé un jeune Payſan, qui
n'avoit pas de fortune, mais il ſe ſouvenoit toujours que ſa femme lui avoit
donné tout ce qu'il avoit, & il cherchoit, par ſes manieres complaiſan-
tes, à lui en marquer ſa reconnoiſſance. Vermeille n'avoit pas beaucoup
de domeſtiques ; mais ils l'aimoient
comme s'ils euſſent été ſes enfants,
parce qu'elle les traitoit bien. Tous
ſes voiſins l'aimoient auſſi, & chacun s'empreſſoit à lui en donner des
preuves. Elle n'avoit pas beaucoup
d'argent, mais elle n'en avoit pas
beſoin, car elle recueilloit, dans ſes
terres, du bled, du vin & de l'huile.
Ses troupeaux lui fourniſſoient du lait,
dont elle faiſoit du beurre & du fromage Elle fiſoit la laine de ſes moutons, pour le faire des habits, auſſi

bien qu'a son mari, & à deux enfants qu'elle avoit Ils le portoient
à merveille, & le soir quand le temps
du travail étoit passé, ils se diver-
tissoient a toutes sortes de jeux Hélas' s'ecria la Reine, la Fée m'a fait
un mauvais présent, en me donnant
une Couronne. On ne trouve point
la joie dans les Palais magnifiques,
mais dans les occupations innocentes
de la campagne. A peine eut-elle dit
ses paroles, que la Fée parut. Je n'ai
pas prétendu vous récompenser, en
vous faisant Reine, lui dit la Fée,
mais pour vous punir, parce que vous
m'aviez donné vos prunes à contre-
cœur Pour être heureux, il faut,
comme votre sœur, ne posséder que
les choses nécessaires, & n'en point
souhaiter davantage. Ah, Madame,
s'écria Blanche, vous vous êtes assez
vengée ; finissez mon malheur. Il est
fini, reprit la Fée. Le Roi, qui ne
vous aime plus, vient d'épouser une
autre femme, & demain ses Officiers
viendront vous ordonner de sa part,

de ne point retourner à ſon Palais
Cela arriva comme la Fée l'avoit pré-
dit , & Blanche paſſa le reſte de ſes
jours avec ſa ſœur Vermeille, avec
toutes ſortes de contentements & de
plaiſirs , & elle ne penſa jamais à la
Cour , que pour remercier la Fée de
l'avoir ramenée dans ſon Village.

F I N.

TABLE.

*L*E Petit Chaperon Rouge. Pag.　1

Les Fées.　8

La Barbe Bleue.　14

La Belle au Bois Dormant.　26

Le Maître Chat, ou le Chat Botté.　47

Cendrillon, ou la Petite Pantoufle

   de Verre.　57

Riquet à la Houpe　72

Le petit Poucet.　88

L'adroite Princesse.　110

La Veuve & ses deux Filles.　166

\

Lightning Source UK Ltd.
Milton Keynes UK
UKHW022038230421
382536UK00003B/144